**감동 주의!** 눈물이 찔끔 나는 동물 이야기

보랏빛소 어린이

## 동물들도 개성이 있다고요?

우리 사람의 세계에는 상냥한 사람이 있습니다. 상냥하다는 건 상대의 기분을 헤아리는 배려심 있는 태도를 일컫지요. 비단 사람뿐만 아니라 동물도 이러한 상냥한 마음을 가지고 있는 걸 종종 느낀 적이 있을 것입니다. 이렇게 상냥한 동물들의 일화는 감동을 전하는 한편, 어떤 동물들은 엉뚱한 모습으로 웃음을 선사하거나 안타까움을 사기도 합니다.

사람과 마찬가지로 동물도 저마다 개성이 있습니다. 사람은 지나치게 개성이 강하면 때로는 이상하다고 괴짜 취급을 받거나 따돌림을 당하는 경우가 있지만, 동물의 세계에서는 성격이 다르다고 해도 크게 신경 쓰지 않습니다.

동물들의 각자 다른 개성은 다양성을 보여 주기도 합니다. 식물과 동물 등을 포함한 생태계에 여러 종류의 생물이 풍요롭게 살아가는 것을 흔히 '생물 다양성'이라고 합니다. 생물 다양성에는 생물의 종이나 유전적 특성, 환경적 요인 등이 중요한 요소로 꼽히는데요, 각 개체의 개성도 생태계를 다채롭게 만들어 준답니다.

『눈물이 찔끔 나는 동물 이야기』는 이렇게 상냥하거나 개성이 넘치는 동물들의 감동적이고 안타까운 이야기를 모았습니다. 예를 들어 코끼리라고 한다면 코끼리 종의 특성을 알려 주는 지식 도감이 아닌, 특정 코끼리의 행동으로 벌어진 사연을 소개하는 이야기책이지요. '수 년 만에 다시 만난 친구를 알아본 코끼리'처럼 말이에요.

  자, 그럼 편안하게 동물들의 이야기를 들어 주세요! 이야기를 읽다 보면 불가사의하고 기상천외한 동물들의 사연에 피식 웃거나 감동해 눈물을 흘릴지도 모릅니다. 우리는 상냥한 사람이니까요.

이마이즈미 다다아키
『눈물이 찔끔 나는 생물 도감』 감수, 동물학자

# 차례

◆ 머리말 · 2

 **1 가여워서 눈물 나는 이야기**

1. 개의 드라이브 · 10
2. 사랑에 빠진 펭귄 · 12
3. 팬티를 훔친 범인 · 14
4. 먹이의 재미 · 16
5. 취해서 잠든 곰 · 18
6. 외로운 새 · 20
7. 딱 붙어 버린 다람쥐 · 22
8. 아내의 변심 · 24
9. 방랑하는 개 · 26
10. 비행기 날개에 탄 뱀 · 28
11. 등 돌린 원숭이들 · 30

12 사라진 양 · 32

13 악어의 재난 · 34

14 당황한 닭 · 36

15 햄스터의 등산 · 38

16 황홀한 개 · 40

17 수영 못 하는 하마 · 42

◆ 눈물 나는 동물 NEWS ❶ · 46

**뭉클해서 눈물 나는 이야기**

- ⑱ 주인을 구한 돼지 · 48
- ⑲ 바다로 돌아간 문어 · 52
- ⑳ 화재를 알린 고양이 · 54
- ㉑ 경주마 하루우라라 · 56
- ㉒ 부부는 장거리 연애 중 · 60
- ㉓ 구조 전화를 한 잉꼬 · 62
- ㉔ 까마귀의 선물 · 64
- ㉕ 청년과 사자 · 68
- ㉖ 코알라 럭키 · 72
- ㉗ 썰매 견 발토 · 76
- ㉘ 셜리와 제니 · 80
- ㉙ 수리아와 로스코 · 84

30 비버 이불 · 88

31 오스카의 신기한 힘 · 92

32 범고래 게이코 · 96

33 염소 친구는 당나귀 · 100

34 다리 밑의 바다사자 · 104

35 다시 만난 크위비 · 108

36 하늘다람쥐 비스킷 · 112

37 의족을 한 태양 · 116

38 돌고래 울타리 · 120

39 부엉이와 할머니 · 124

40 코끼리가 왔다! · 128

41 붙잡힌 따오기 · 132

42 꼬마와의 이별 · 136

◆ 눈물 나는 동물 NEWS ❷ · 142

##  3 멸종 위기 동물

**🌏 멸종 위기 동물이란 무슨 뜻인가요?** · 144

**대왕판다** · 146

**해달** · 148

**코끼리** · 150

**북극곰** · 154

**코뿔소** · 156

**양쯔강돌고래** · 158

**호랑이** · 160

**이리오모테살쾡이** · 164

**유인원** · 168

**🌏 생물의 멸종을 막기 위해 어떻게 하면 좋을까요?** · 172

◆ **책인** · 174

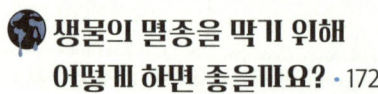

개성 넘치는 동물들이 일으킨

안타까운 사건을 소개합니다.

가여워서 눈물 나는 이야기

## 1. 운전해 보고 싶었어……
## 개의 드라이브

◆ 주인공 : 우들리(개)
◆ 언제 : 2011년 11월
◆ 어디서 : 오스트레일리아

 **2층 버스 운전석에 있던 것은……**

오스트레일리아 다윈에 필 뉴턴이라는 사람이 한 가게의 판매원으로 일하고 있었습니다. 필은 2011년 11월 믿을 수 없는 광경을 목격했어요.

가게 앞 차도를 2층 버스가 느린 속도로 지나가고 있었는데…… 그 운전사가 바로, 개였던 것입니다!

'이대로 두면 주차 중인 차에 부딪힐 거야!'

이렇게 생각한 필은 가게에서 나와 즉시 버스를 따라갔어요. 그러고는 운전석 옆 창문으로 몸을 들이밀고 사이드 브레이크를 당겼지요. 천만다행히도 버스가 진로를 크게 벗어나 다른 차에 부딪히는 위기일발의 순간에 버스를 세울 수 있었습니다.

2층 버스를 운전한 개는 버스의 원래 주인인 차드 매코맥이 기르던 개였습니다. '쿨리'라는 오스트레일리아 목양견의 일종으로, 이름은 '우들리'였지요.

매코맥은 이 버스로 우들리를 데리고 다윈에 놀러 왔던 차였습니다. 그런데 매코맥이 음료수를 사러 잠시 버스를 비운 사이에 우들리가 마음대로 버스를 출발시킨 거였어요.

우들리가 우연히 버스를 움직인 것처럼 보이지만, 어쩌면 우들리는 정말로 일부러 마음먹고 버스를 운전한 걸지도 몰라요. 왜냐하면 우들리는 평소 매코맥이 운전하는 모습을 옆자리 조수석에서 유심히 봐 왔거든

개의 드라이브

요. 그러다 기회가 생기자 운전석으로 이동하여 앞발로 핸들을 움직이고 있었던 게 아닐런지요.

필에 따르면 우들리가 운전하는 버스가 앞으로 나아가는 모습이 마치 사람이 모는 것처럼 자연스러워 보였다고 합니다. 참고로 우들리는 '무면허 운전'을 한 것이지만, 경찰이 책임을 따져 묻지는 않았다고 해요.

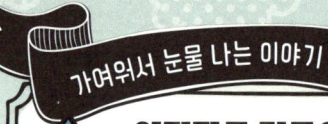

## 2 안타깝고 괴로운 짝사랑
## 사랑에 빠진 펭귄

◆ 주인공 : 그레이프
　　　　　　(훔볼트펭귄)
◆ 언제 : 2017년 4월
◆ 어디서 : 일본 사이타마 현

 펭귄 사육장에 놓인 한 장의 입간판

　2017년 4월, 일본 사이타마 현 도부 동물공원에 애니메이션 캐릭터가 그려진 입간판, 즉 패널이 설치되었습니다. 훔볼트펭귄인 '그레이프'가 있는 펭귄 사육장에도 패널이 세워졌습니다. 훔볼트펭귄의 모습을 여자아이 캐릭터로 이미지화한 패널이었어요.

좋아해…….

그런데 그때부터 그레이프의 모습이 달라졌습니다. 패널을 멍하니 바라보기도 하고 가까이 다가가 꼼짝 않고 있기도 하며 강한 관심을 보인 거예요.

동물원을 찾은 사람들이 하나둘 이를 알아채면서 화제가 되었습니다. 당시 그레이프는 21세 수컷으로 인간 나이로는 약 80세에 해당해요.

먹이 시간이 되어도 패널 앞을 떠나지 않는 날이 계속되었습니다. 그 모습이 인터넷과 SNS, 텔레비전 방송에서도 소개되었지요.

'그레이프가 패널과 사랑에 빠졌다고?'

### 죽을 때까지 패널 곁을 떠나지 않았던 그레이프

너무 좋아해서 견딜 수 없게 된 상태를 흔히 '마음을 빼앗겼다'라고 표현해요. 그 대상은 아이돌이나 만화 주인공인 경우도 있지요.

만일 상대는 아무런 관심도 없는데 혼자 마음을 빼앗기는 '짝사랑'에 빠진다면 어떤 기분이 들까요? 몹시 괴롭고 안타까울 거예요. 하지만 그 또한 살아 있기에 느낄 수 있는 소중한 감정이기도 하지요.

그레이프는 패널이 설치된 지 반년 후, 숨을 거두었습니다. 패널 옆을 떠나지 않은 진짜 이유는 아무도 알 수 없습니다. 그렇지만 그레이프는 일생의 마지막 시기에 다시 없을 소중한 경험을 한 듯 보입니다.

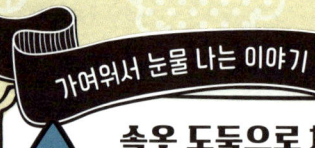

## 가여워서 눈물 나는 이야기

### 3 속옷 도둑으로 체포! 팬티를 훔친 범인

◆ 주인공 : 벤지(캥거루)
◆ 언제 : 2011년 8월
◆ 어디서 : 체코

 **경찰에 접수된 두 건의 신고**

2011년 8월 중순의 일입니다. 체코의 수도 프라하 경찰서에 신고가 잇따랐습니다.

최초의 신고는 "집에서 기르던 '반려 캥거루'가 실종되었다"는 내용이었습니다. 두 살 된 캥거루 '벤지'의 주인 베텔 후라보비치의 신고였지요.

그리고 이 신고와 같은 시기에 "속옷을 도둑맞았다"는 신고가 곧바로 들어왔습니다. 마당에 널어 둔 레이스와 프릴이 달린 여성용 속옷을 누군가가 훔쳐 갔다는 내용이었어요.

언뜻 보기에는 아무런 관련도 없어 보이는 두 신고지만, 놀랍게도 이것은 하나의 사건이었습니다. 실은 속옷 도둑의 정체가 베텔의 집에서 도망간 벤지였거든요.

범인을 알게 된 이유는, 속옷을 도둑맞은 피해자가 우연히 부엌 창문으로 밖을 보다가 마당에서 속옷을 든 캥거루가 뛰고 있는 것을 목격했기 때문입니다.

당시 벤지는 어떻게 들어왔는지 피해자의 집 마당을 뛰어다니다가, 널어놓은 속옷이 마음에 들었는지 양손으로 능숙하게 계속 거둬들이고 다녔는데요.

출동한 경찰에 의해 벤지는 순식간에 잡혔습니다. 그리고 집으로 무사히 되돌아갔습니다.

　베텔은 안심하면서도 한편으로 이런 생각이 들었다고 합니다.
　"벤지가 어디서 속옷을 훔치는 법을 배웠는지 전혀 짐작이 가지 않아요. 가르친 것도 아니고, 저에게 그런 취미가 있어서 저를 흉내 낸 것도 아닌데 말이에요."
　그러면서 베텔은 이 소동 이후에 주위 사람들의 오해를 풀기 위해서 필사적으로 노력했다고 합니다. 주인의 입장에서는 참으로 난처했을 것 같네요.

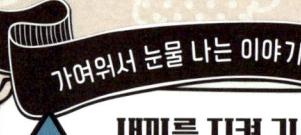

## 4 새끼를 지켜 기르고 싶었던 표범
### 먹이의 새끼

◆ 주인공 : 표범
◆ 언제 : 불명
◆ 어디서 : 아프리카

 **개코원숭이의 새끼를 구한 표범**

'모성 본능'이라는 말을 아나요?
사람을 비롯해 동물의 암컷은 작고 여리고 도움이 필요한 존재를 지키고 돌봐주기 위해 몸이 저절로 움직일 때가 있습니다. 이것을 모성 본능이라고 해요.

아프리카에서의 이야기입니다. 어느 암표범이 개코원숭이를 잡았습니다.
암표범이 죽은 개코원숭이를 먹으려고 나무 위로 옮기는 도중 무언가 작은 것이 굴러떨어졌습니다. 바로 개코원숭이의 새끼였지요.
암표범이 잡은 것은 어미 개코원숭이로, 어미에게 매달려 있던 새끼가 떨어진 것이었어요.
이를 본 암표범은 먹는 것을 멈추고 나무에서 내려왔어요. 그리고 새끼 개코원숭이를 입에 물고 나무 위로 옮겨 주었습니다.
그런 후 온화한 표정으로 새끼 개코원숭이를 핥아 털 다듬기를 해 주는 것이었습니다.
보통 표범은 다른 동물을 먹이로밖에 보지 않아요. 그런 표범이 마치 자신의 새끼처럼 돌봐주는 모습은 아주 놀라운 일이었어요. 암표범 안에서 모성 본능이 식욕을 넘어선 듯했지요.

##  안을 수도 젖을 줄 수도 없다

그런데 암표범에게는 어려운 점이 있었습니다. 바로 새끼 개코원숭이에게 필요한 모유가 나오지 않는다는 거예요. 또 추위로부터 지켜 주기 위해 안아 줄 수도 없었지요. 결국 새끼 개코원숭이는 다음 날 아침 죽고 말았습니다.

암표범은 그제야 생각난 듯 어미 개코원숭이를 먹었습니다.

동물은 자신이 살기 위해서 다른 생물을 희생해야만 합니다. 하지만 늘 모든 동물이 자신의 목숨을 부지하기 위해서만 사는 것은 아닐지도 모르겠습니다.

엄마는?

## 5. 36캔이나 마셨다! 취해서 잠든 곰

◆ 주인공 : 아메리카흑곰
◆ 언제 : 2004년 8월
◆ 어디서 : 미국

### 캠프장에서 취해서 곯아떨어진 곰

2004년 8월, 미국 워싱턴 주에서 일어난 일입니다. 베이커 호 리조트 내 캠프장에서 곤드레만드레 취해서 곯아떨어져 있는 두 살 정도의 아메리카흑곰이 발견되었습니다.

캠프장 직원 리사에 의하면, 곰은 잔디 위에서 자고 있었다고 해요. 게다가 그 주위에는 빈 맥주 캔이 뒹굴고 있었는데요, 그 수가 무려 36캔이나 되었다고 합니다.

캠프 중이던 사람들이 자리를 비운 사이, 곰이 아이스박스를 부수고 그 안에 있던 캔 맥주를 꺼내 차례차례 마셔 버린 거지요.

### 곰은 지역 맥주를 좋아해!

맥주라면 다 좋았던 것이 아니라, 곰에게도 취향에 맞는 맥주가 있었던 것 같습니다. 곰이 마신 맥주는 특정 지역에서만 파는 맥주(지역 맥주)뿐이었거든요. 미국 어느 곳에서나 파는 대중적인 맥주도 있었지만, 그것에는 손도 대지 않았어요.

야생동물 보호 담당관이 이 술고래 곰을 붙잡아 보호하려고 했지만, 곰이 나무 위에 올라가 버리는 바람에 실패하고 말았습니다. 그리고 곰은 그대로 4시간 동안 곯아떨어졌지요.

겨우 캠프장에서 쫓아내긴 했으나 곰은 맥주 맛을 잊지 못했던 모양이에요. 다음 날 다시 돌아왔거든요.

그래서 곰이 좋아하는 도넛과 벌꿀, 지역 맥주 두 캔을 미끼로 덫을 설치해, 겨우 포획하는 데 성공했습니다.

그 후 캠프장에 두 번 다시 접근하지 못하도록 멀리 떨어진 지역으로 곰을 옮긴 뒤 자연에 풀어 주었다고 합니다.

## 가여워서 눈물 나는 이야기

### 6 새 모형과 사랑에 빠지다
### 외로운 새

◆ 주인공 : 나이젤
　　　　 (야생조류 가넷)
◆ 언제 : 2018년 2월
◆ 어디서 : 뉴질랜드

 야생조류 가넷을 섬으로 부르자!

뉴질랜드에서의 이야기입니다.
"마나 섬을 가넷 서식지로 조성합시다."
"좋아요. 바위가 많아서 둥지를 만들기 쉬울 거예요."
　어느 자연 보호 단체가 가넷이라는 새를 유인하기 위해 콘크리트로 80마리의 새 모형을 만들었습니다. 새 모형을 자신의 동료라고 생각한 가넷이 안심하고 그곳을 집으로 삼을 수 있도록 말이지요.
　이런 노력 끝에 처음으로 마나 섬에 가넷 1마리가 찾아왔습니다. 그 새에게는 곧 '나이젤'이라는 이름이 붙여졌지요. 그 섬에서 홀로 지내던 나이젤은 어느 순간 새 모형에게 부리를 비비기 시작했어요.
　'설마 새 모형과 사랑에 빠졌나?'
　자연 보호 단체 직원의 예상은 곧 사실로 드러났습니다. 나이젤이 해초와 진흙, 나뭇가지 등을 모아서 둥지를 만들고, 구애 행동을 시작했던 거예요.
　하지만 무생물인 새 모형이 나이젤의 구애 행동에 반응할 리가 없었어요. 나이젤은 이룰 수 없는 사랑을 하고 있었지요.
　'빨리 진짜 가넷이 왔으면 좋겠어.'
　자연 보호 단체 직원의 얼굴은 어두워졌어요.
　그리고 어느덧 나이젤의 구애가 계속된 지 3년이 흘렀습니다.

"왔다!"
 마나 섬에 3마리의 새로운 가넷이 찾아왔습니다. 하지만 나이젤은 새로 온 진짜 가넷들에게 눈길도 주지 않았어요.
 그러던 어느 날 나이젤은 그토록 사랑하던 새 모형 옆에서 숨이 멎은 채 쓰러져 있는 모습으로 발견되었습니다.
 "안타까워……."
 새로 온 3마리는 현재 마나 섬에 살고 있습니다. 가넷은 이전에 둥지를 지은 곳에 둥지를 짓는 것을 좋아하기 때문에, 계속 이 근방에서 살아갈 확률이 높습니다. 앞으로 마나 섬이 가넷으로 가득해지는 날이 얼마 안 남은 듯합니다.

## 7 '다람쥐 왕'의 탄생?!
## 딱 붙어 버린 다람쥐

◆ 주인공 : 아메리카붉은다람쥐
◆ 언제 : 2013년 6월
◆ 어디서 : 캐나다

 **어떻게 된 거야? 꼬리가 붙은 6마리의 다람쥐**

　다람쥐는 캐나다를 비롯해 나무가 많은 삼림 지역에서 자주 볼 수 있는 생물입니다.
　하지만 2013년 6월 중반 무렵, 서스캐처원 주 리자이나 시청의 직원이 발견한 다람쥐는 모습이 조금 특이했어요. 정확히 말해 6마리의 다람쥐가 한 덩어리처럼 붙어 있었습니다.
　그 다람쥐들은 소나무 주변에서 살았던 모양입니다. 보통 소나무에서는 송진이라는 끈적끈적한 수액이 나오는데요, 그 수액이 6마리의 다람쥐에게 착 들러붙는 바람에 서로의 꼬리가 얽혀 떨어지지 않게 된 것이었어요.
　움직이려고 해도 움직일 수 없어 소나무 밑동에 축 늘어져 있었던 모양이에요. 그 모습을 시청 직원이 우연히 지나가다가 발견하고 보호했습니다.

 **1년에 1~2회나?! '다람쥐 왕' 등장!**

　다람쥐들은 즉시 동물병원 수의사 에단에게 보내졌습니다. 에단은 다람쥐들의 건강 상태에 이상이 없는 것을 확인하고 엉킨 꼬리를 떼는 작

업을 시작했습니다.

 마취를 시킨 후 송진을 제거하고 털을 깎아 간신히 엉킨 꼬리를 떼어 놓을 수 있었어요. 다람쥐들이 건강을 회복하자, 원래 있던 소나무 밑동 근처에 풀어 주었습니다.

 이처럼 여러 마리의 다람쥐 꼬리가 얽힌 모습을 전문가들은 '다람쥐 왕'이라고 부른다고 해요.

 다람쥐 왕은 1년에 1~2회 꼴로 발견되는데요, 최근 2018년 6월에는 미국 네브래스카 주에서 6마리의 다람쥐가, 9월에는 위스콘신 주에서 5마리의 다람쥐가 꼬리가 엉킨 상태로 발견되었습니다. 우연이라기에는 종종 일어나는 일이라고 하니 참 신기합니다. 하지만 이런 이유로 고생을 겪게 되는 다람쥐들에게는 정말 안타까운 일이 아닐 수 없네요.

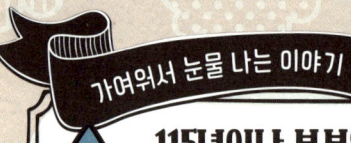

## 가여워서 눈물 나는 이야기

### 8. 115년이나 부부였는데······ 아내의 변심

◆ 주인공 : 폴디와 비비 (갈라파고스코끼리거북)
◆ 언제 : 2012년 6월
◆ 어디서 : 오스트리아

 **100년 이상 해로한 사이좋은 거북 부부**

오랜 세월 같이 산 부부지만 서로를 용서하지 못하게 되어 이혼했다는 이야기는 흔합니다. 그것은 거북의 세계에서도 마찬가지일지도 모릅니다.

오스트리아의 하프 파충류 동물원에서의 일입니다. 갈라파고스코끼리거북 수컷 '폴디'와 암컷 '비비'는 1897년에 태어나 115세가 될 때까지 사이좋은 잉꼬부부였어요. 지금까지 여러 동물원을 전전했지만 100년 이상이나 함께 살아왔지요.

그런데 지금의 동물원에 온 지 36년째인 2012년, 부부 사이에 이변이 일어났습니다.

 **너무나도 갑작스러운 변심의 수수께끼**

계기는 비비가 갑자기 폴디에게 덤벼들면서 시작됐어요. 비비가 폴디의 등딱지를 갑자기 물어뜯은 거예요. 그 후 몇 번이고 비비는 같은 행동을 반복했습니다. 사육사도 이 갑작스러운 부부 싸움의 원인을 알 수 없었지요.

사육사는 관계를 개선하기 위해 평소와 다른 먹이를 주거나 같이 가지고 놀 수 있는 물건을 주며 갖은 방법을 써 봤어요. 그러나 비비는 혼자 있고 싶어 할 뿐이었지요.

그런 상태에서 억지로 비비와 폴디를 한 공간에 둔다면 둘 다 위험해질 수 있었습니다. 그래서 비비와 폴디는 결국 각방을 쓰게 되었습니다. 115세에 이혼을 한 것입니다.

갈라파고스코끼리거북은 길면 200년 정도 산다고 합니다. 즉 115세의 갈라파고스코끼리거북은 사람으로 치면 40~50세 정도라고 하네요. 어쩌면 비비와 폴디는 새로운 삶을 시작하기에 아직 늦지 않은 나이인지도 모릅니다.

친정으로 돌아가겠어요.

### 9 여행 없이는 못 살아! 방랑하는 개

◆ 주인공 : 머피(개)
◆ 언제 : 2009년 7월
◆ 어디서 : 오스트레일리아

### 보호된 잡종견 머피

  2009년 7월, 오스트레일리아 남동부의 멜버른에서 '머피'라는 이름의 개가 발견되었습니다. 빈집 뒷마당에 있던 골판지 상자 안에서 자고 있는 개를 동물 보호 단체가 보호한 것인데요, 벼룩에게 물려 피부염에 걸린 몸은 바짝 말라 있었습니다.

  동물 보호 단체 직원이 머피의 목에 마이크로칩이 심어져 있는 것을 발견했습니다. 그 덕분에 개의 주인이 동부 브리즈번에 사는 램파드 가족이라는 사실을 알게 됐지요.

  머피는 램파드 부부의 딸인 클로에가 네 살이었던 1996년에 분양받은 개였습니다. 날마다 침대에서 데리고 잘 정도로 귀여워했지요.

  그런데 4년 후인 2000년, 머피가 갑자기 모습을 감추고 행방불명이 되었습니다.

### 감동의 재회, 그리고 여행길

  그런데 9년 후에, 브리즈번에서 약 2000킬로미터(km) 떨어진 멜버른에서 발견된 것입니다.

  한국에 비유하면 서울에서 부산을 두 번 왕복할 거리지요. 머피가 어

떻게 그 먼 거리를 여행했는지, 9년간 어떻게 살아왔는지는 알 수 없었습니다.
 의문은 많이 남았지만, 그런 건 재회의 기쁨으로 가득한 램파드 가족에게는 아무런 문제가 되지 않았어요.
"이제 절대로 눈을 떼지 않겠어요!"
 클로에는 대단히 기뻐하며 외쳤어요.
 그런데…… 3개월 후, 머피는 주인의 맘도 모르고 다시 어디론가 떠나 버리고 말았다고 합니다. 이유는 알 수 없지만, 머피가 어디선가 자유롭게 잘 살고 있기를 바랄 수밖에 없겠군요.

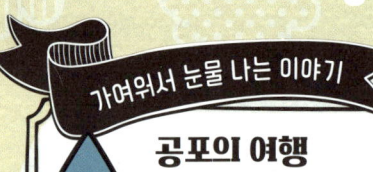

## 공포의 여행
# 10 비행기 날개에 탄 뱀

◆ 주인공 : 보라색 비단뱀
◆ 언제 : 2013년 1월 10일
◆ 어디서 : 오스트레일리아

### 날개에 매달린 뱀의 목숨은?

2013년 1월 10일, 콴다스 항공사의 여객기가 오스트레일리아의 케언즈에서 파푸아뉴기니의 포트모르즈비로 향하던 때였습니다. 두 눈으로 보고도 도저히 믿기 힘든 일이 벌어졌습니다.

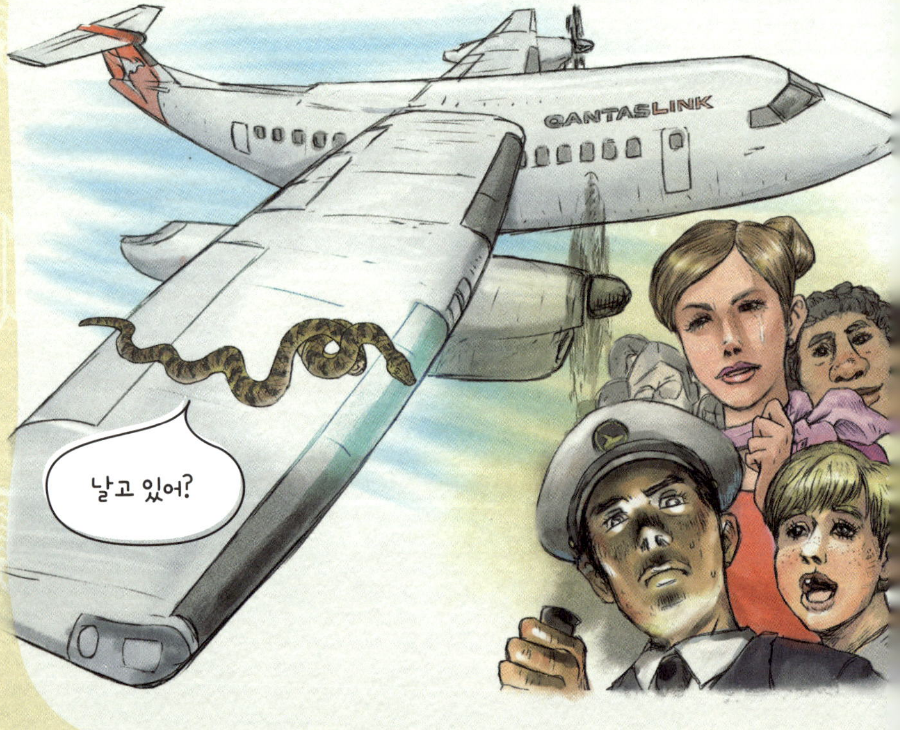

날고 있어?

승객 중 한 명이 우연히 창밖으로 눈을 돌렸다가 놀란 나머지 말문이 막혔습니다. 항공기 오른쪽 날개 위에 길이 3미터(m) 정도의 보라색 비단뱀이 있었기 때문이에요.

뱀을 목격한 승객에 의하면 뱀은 필사적으로 몸을 숨길 만한 곳을 찾아 이동하려 했다고 합니다.

하지만 비행 중에는 매우 높이 하늘을 날기 때문에 기온이 마이너스 12도씨(°C)로 춥고 풍속 400킬로미터 퍼 아우어(km/h)의 강풍이 붑니다. 그로 인해 뱀은 몇 번이나 이리 밀리고 저리 밀리며 날개 위를 기어 다녀야만 했지요.

승객은 그런 뱀의 모습을 지켜보면서 뱀이 떨어지지 않기를 응원했습니다.

이윽고 2시간의 비행을 마치고 비행기가 목적지 포트모르즈비의 공항에 도착했어요.

다행히 뱀은 항공기 날개에서 떨어지지 않았습니다. 하지만 안타깝게도 숨이 끊어져 있었지요.

도대체 어떻게 이런 일이 생긴 것일까요? 아마도 이 뱀은 공항의 활주로로 우연히 들어왔다가 주차 중인 비행기의 날개에 기어 올라간 모양입니다.

보라색 비단뱀은 쥐 등의 먹이를 잡을 때 밀폐된 곳에 몸을 숨기는 습성이 있는데요, 항공기 날개 속 공간이 숨어서 기다리기 딱 좋은 장소라고 생각하여 들어간 것이겠지요.

보라색 비단뱀은 그저 배가 고팠을 뿐인데 참으로 가엾게 되었습니다.

## 11. 원숭이 단체로 삐지다? 등 돌린 원숭이들

- 주인공 : 망토개코원숭이
- 언제 : 2013년 8월
- 어디서 : 네덜란드

### 움직이지 않게 된 동물원의 망토개코원숭이

긴꼬리원숭이과인 망토개코원숭이는 성장하면 수컷의 은회색 갈기가 길게 자라 어깨까지 내려옵니다. 그 모습이 망토를 걸친 것처럼 보여서 '망토'가 들어간 이름이 붙게 된 것이지요.

이렇게 신비한 외모를 지닌 망토개코원숭이를 사육하고 있던 한 동물원에서 실로 기묘한 일이 일어났습니다. 그것은 바로 2013년, 네덜란드의 에멘 디에렌파크 동물원에서 벌어진 일입니다.

평소라면 기운차게 여기저기 뛰어다닐 망토개코원숭이 112마리가 어느 날부터 갑자기 관람객들에게 등을 돌리고 앉은 것이에요. 뭔가에 겁먹은 듯이 모여 앉아 얼음처럼 굳어 버렸어요. 게다가 그날부터 먹이도 먹지 않고 물도 거의 마시지 않았습니다.

다행히 이 상태는 오래 지속되지 않았습니다. 5일이 지나자 바로 평소의 모습으로 돌아왔습니다.

간혹 사육되는 동물이 자연에서는 볼 수 없는 행동을 하는 경우가 있습니다. 하지만 망토개코원숭이가 이처럼 기묘한 행동을 했다는 보고는 에멘 디에렌파크 동물원 이외에는 없다고 해요.

사실 이 동물원에서는 이와 같은 일이 과거 1994년, 1997년, 2007년에도 일어났던 것으로 밝혀졌어요. 즉 2013년의 일은 이 동물원에서만 무려 4번째로 일어난 현상이었던 것이지요.

등 돌린 원숭이들 11

웅성웅성

　며칠이고 꼼짝없이 굳어 버린 망토개코원숭이들의 이상한 행동. 대체 무엇이 원인인 걸까요?
　현지 동물학자 위즈브렌 랜드먼에 따르면 본디 야생 원숭이는 표범이나 하이에나 등의 천적을 마주친 위급한 상황이 되면 움직일 수 없게 된다고 해요. 하지만 이번처럼 며칠 동안 움직이지 못하는 경우는 없다고 합니다.
　그 까닭이 무엇인지는 망토개코원숭이에게 직접 물어보지 않는 한 영원히 알아내지 못할 것 같습니다.

## 12 혹시…… UFO의 소행?!
# 사라진 양

◆ 주인공 : 양
◆ 언제 : 2007년 10월
◆ 어디서 : 스위스

 **너무도 이상한 양 행방불명 사건**

양을 키우는 방법 중에 방목이 있습니다. 초원에 풀어 놓고 자유롭게 목초를 먹여 기르는 방식이지요. 방목지까지 걸어서 이동하기 때문에 양의 운동 부족도 해소됩니다.

이렇게 방목되어 길러지던 한 양떼 무리에게 사건이 일어났습니다. 2007년 10월 하순, 장소는 스위스 티치노 주에 있는 마가디노 평원입니다.

여기서 농장을 운영하며 양을 기르던 실바노는 믿을 수 없는 일을 겪었습니다. 그가 방목하고 있던 양 90마리가 모두 어느 날 갑자기 흔적도 없이 사라진 것이에요.

실바노는 즉시 경찰에 신고했고, 경찰 인력이 투입되어 대대적인 수색이 벌어졌습니다. 그러나 아무리 뒤져 봐도 90마리나 되는 양들 중 결국 1마리도 찾지 못했어요.

 **증거가 없다……. 범인은 대체 누구?**

많은 양이 행방불명된 이 사건에는 유독 이상한 점이 있습니다. 만약 누군가가 양들을 훔쳤다면, 트럭 등으로 목초지를 여러 번 왕복한 흔적이 있어야 했어요. 그러나 주변에서는 그 어떤 타이어 자국도 발견되지

않았습니다.

 또 양들을 몰아서 이동시켰다면 풀이 밟혀서 뭉개진 흔적이 남아야 했지요. 그런데 그마저도 없었습니다. 산골 목초지로 가는 길은 하나뿐이었는데 말이에요. 결국 실바노는 양떼를 새로 들일 수밖에 없었다고 해요.

 실은 스위스 산중 목초지에서 큰 무리의 양떼 행방불명 사건이 일어난 것은 이것이 두 번째입니다. 첫 번째 사건 당시에도 뚜렷한 원인이 밝혀지지 않았습니다.

 그 때문에 양떼들이 UFO에게 끌려갔다고 생각하는 사람도 있다고 합니다.

## 13 배 속에서 삘소리가……
## 악어의 재난

◆ 주인공 : 지나(악어)
◆ 언제 : 2011년
◆ 어디서 : 우크라이나

 **휴대전화가 물속에 빠졌다**

동화 『피터팬』에는 자명종 시계를 삼킨 탓에 배에서 째깍째깍 시곗바늘 소리가 나는 악어가 나옵니다.

째깍째깍 소리가 나는 이야기 속 악어처럼 실제 악어의 배에서 휴대전화의 벨소리가 울리는 일이 벌어졌습니다.

2011년의 일입니다. 우크라이나 해양수족관에서 '지나'라는 악어 수컷을 기르고 있었습니다.

어느 날, 이 수족관에 '린마'라는 관람객이 방문했습니다. 린마가 지나의 모습을 촬영하려고 휴대전화를 꺼낸 순간 그만 휴대전화가 툭 하고 미끄러져서 수족관으로 떨어졌습니다.

지나는 그대로 물속으로 가라앉은 휴대전화를 먹이라고 착각한 듯 꿀꺽 삼켜 버렸어요.

린마는 당황하여 사육사에게 알리며 호소했지요.

"저 악어가 제 휴대전화를 삼켰어요, 도와주세요! 휴대전화 안에 있는 메모리를 되찾고 싶어요."

사육사는 처음에 이 이야기를 믿지 않았습니다. 하지만 곧 린마의 이야기를 믿을 수밖에 없었습니다.

지나의 배에서 휴대전화의 벨소리가 울렸거든요.

 **목숨이 위험해! 나와라, 휴대전화!**

일단 수족관 측에서는 휴대전화가 자연스럽게 똥과 함께 지나의 몸에서 나오기를 기다려 보았습니다.

하지만 지나는 휴대전화를 삼킨 후 배가 아픈지 식욕이 없어져 한 달 동안 아무것도 먹지 않았어요. 당연히 아무것도 배설물로 나오지 않았지요.

변비를 해소하는 약과 비타민을 주어도 지나는 끝내 먹지 않았습니다.

그대로 두었다가는 지나의 생명이 위험해질 수 있었기 때문에, 어쩔 수 없이 최종 수단인 수술로 휴대전화를 꺼냈다고 합니다.

## 가여워서 눈물 나는 이야기

### 14 무서운 건 너무 싫어
# 당황한 닭

◆ 주인공 : 닭
◆ 언제 : 2006년
◆ 어디서 : 오스트레일리아

### 오래전부터 행해진 닭 사육

닭을 사육하는 것을 '양계'라고 합니다. 야생의 조류를 길들이고 품종을 개량하여 키우는 것을 뜻하지요.

양계의 역사는 무척 오래됐습니다. 지금부터 4000년 전에 시작됐다는 이야기도 있는데요, 약 3500년 전의 이집트에는 '기르던 닭이 매일 알을 낳는다'라는 기록이 남아 있다고 해요.

어쨌거나 인간과 닭의 인연이 아주 오랫동안 이어져 온 것은 틀림없습니다.

그런데 어느 지역에서는 닭을 키울 때 예전부터 전해 내려오는 조금 특이한 속설이 있다고 합니다. (거짓인지 진실인지 알 수는 없지만요.) 그 속설의 정체를 아래 이야기에서 살펴볼까요?

### 효과 만점?! 그 작전

2006년, 오스트레일리아의 브리즈번에 사는 존 헤닝햄은 고민에 빠졌습니다. 기르고 있는 닭 4마리가 3개월 동안 알을 하나도 낳지 않는 것입니다.

존은 어떻게든 알을 낳게 하려고 예전부터 전해 내려오는 속설을 시험

해 보기로 했어요. 바로 '도끼를 닭에게 보여 주어 위협하는 것'이었지요. 존은 닭에게 잘 보이도록 안뜰 나무에 도끼를 세워 두었습니다

  그랬더니 과연 옛 어른들의 말은 틀린 게 하나 없더군요. 효과 만점이었습니다. 신기하게도 다음 날부터 닭들이 다시 매일 알을 낳게 되었다고 합니다. 도끼를 본 닭들이 어떻게 해서 알을 낳기 시작했는지 그 이유는 잘 알 수 없지만, 민간에 내려오는 속설이 결과적으로 통하는 경우도 있군요!

## 15 여행 친구는 쳇바퀴! 햄스터의 등산

- 주인공 : 와일드 맷(햄스터)
- 언제 : 2014년
- 어디서 : 영국

 **쳇바퀴로 운동 부족을 해소!**

반려동물로 대인기인 햄스터. 야생에 사는 햄스터는 주로 돌과 바위가 많고 먹이가 적은 건조 지대에서 서식합니다. 야행성으로 낮에는 강한 볕을 피해 땅에 굴을 파고 생활합니다. 그리고 기온이 내려가는 밤이 되면 굴에서 나와 먹이를 찾아 나섭니다. 햄스터가 먹이 활동을 하느라 움직이는 거리는 5km에서 10km 정도나 되는데요, 개중에는 20km 이상 이동하는 햄스터도 있다고 해요.

그만큼 햄스터를 키울 때는 햄스터가 운동 부족 상태에 빠지지 않도록 케이지 안에 쳇바퀴를 꼭 준비하는 것이 중요합니다. 햄스터를 한번쯤 키워 본 적이 있는 사람은 햄스터가 밤새 쳇바퀴를 돌리는 모습을 본 적이 있을 것입니다.

 **사라진 햄스터가 언덕 정상에?**

2014년, 영국에서 장거리 경주 선수만큼이나 긴 거리를 이동한 햄스터에 대한 놀라운 일이 보도되었습니다.

우스터셔 주에 사는 어떤 사람이 키우던 햄스터 '와일드 맷'이 한밤중에 모습을 감춘 것인데요. 심지어 와일드 맷이 평소 좋아하던 쳇바퀴도 함께 사라졌습니다.

　다음 날 와일드 맷이 사라진 것을 알아챈 주인은 와일드 맷을 찾기 위해 집 주위를 여기저기 돌아다니며 확인했습니다.

　그러다 집 근처 언덕 정상에서 와일드 맷이 사용하던 쳇바퀴가 나뒹굴고 있는 것을 발견했지요.

　아무래도 와일드 맷은 쳇바퀴를 돌리면서 그대로 언덕길을 올라간 듯합니다. 그 언덕의 높이는 무려 274m나 되었어요.

　와일드 맷은 엄청난 '등산 애호가'였던 모양입니다. 그러나 등산을 하는 와일드 맷의 모습을 더는 볼 수 없게 되었어요. 끝내 와일드 맷의 발견 소식은 전해지지 않으며 안타까움을 자아냈습니다.

올라갈 수 없는 산은 없어!

## 가여워서 눈물 나는 이야기

### 16. 기분이 너무 좋아! 행복해! 황홀한 개

◆ 주인공 : 개
◆ 언제 : 2005년
◆ 어디서 : 오스트레일리아

### 독이 있는 수수두꺼비

'수수두꺼비'를 아시나요? 개구리 종류 가운데 두꺼비에 속하며, 두꺼비 중에서 가장 큰 몸집을 지닌 것으로 알려져 있습니다.

몸길이는 보통 10센티미터(cm) 정도로, 최대 35cm인 것도 발견되었다는 기록이 있어요.

수수두꺼비는 목 뒤 귀밑샘이 부풀면서 피부 돌기에서 부포톡신이라는 우윳빛 독이 나와요. 적에게 위협 당하면 이 독액을 적의 눈과 입을 향해 날려 몸을 지키지요.

한편, 수수두꺼비는 식욕이 왕성하기 때문에 오스트레일리아나 일본의 이시가키 섬 등에서는 사탕수수밭을 망치는 해충을 없애기 위해 수수두꺼비를 들여왔습니다. 그런데 수수두꺼비가 워낙 환경 적응력이 뛰어나 사는 곳을 점점 넓혀 가더니 해충 이외의 것도 먹어 버리면서 해당 지역의 생태계를 위협하는 문제가 생겼습니다.

### 핥지 않고는 못 배긴다? 개가 중독!

수수두꺼비에 의한 '문제'는 여기에서 그치지 않았습니다.

2005년, 오스트레일리아 북부에서는 수수두꺼비가 개들에게도 영향

을 주는 일이 생겼습니다.

일반 가정에서 기르던 개들이 수수두꺼비의 피부에서 스며 나오는 미끈미끈한 독액을 핥는 일이 생긴 것이지요.

수수두꺼비의 독을 핥은 개들은 기분이 날아갈 듯 좋아졌어요. 기분이 너무 좋은 나머지 수수두꺼비의 독을 핥는 것을 멈출 수 없었지요. 그야말로 중독 상태가 된 것이에요.

오스트레일리아 캐서린에서 수의사로 일하는 매건 피커링에 따르면, 수수두꺼비 독에 중독된 개를 무려 30마리 이상 치료했다고 합니다.

## 17 하마가 물에 빠진다니! 수영 못 하는 하마

◆ 주인공 : 모모(하마)
◆ 언제 : 1994년 3월
◆ 어디서 : 일본 나가사키 현

 **물속에 들어가지 않는 새끼 하마**

"해냈어! 태어났어."
1994년 3월, 일본 나가사키의 동물원, 나가사키 바이오파크에서 새끼 하마가 태어났습니다. 35킬로그램(kg)으로, 아빠 돈, 어머니 노논 사이에서 태어난 몸집이 비교적 작은 암컷 하마예요. 봄에 태어나서 분홍빛을 뜻하는 '모모'라는 이름이 붙여졌지요.
원래 하마는 돌고래나 고래와 마찬가지로 물속에서 태어납니다. 그런데 모모는 연못 근처의 육지에서 태어났습니다. 이러한 모모의 출생 배경이 사건을 불러일으킬 줄은 아무도 알지 못했지요.
"어? 뭔가 이상한데."
어느 날, 모모의 담당 사육사인 이토는 모모가 다른 하마와는 어딘가 다르다는 것을 알아차렸습니다.
"좀처럼 물에 들어가려고 하지 않아……."
하마는 젖을 먹을 때도 물속에서 먹습니다. 하지만 모모는 결코 물에 들어가려 하지 않았어요. 물속에 있는 어미의 젖을 먹지 못하는 모모는 힘없이 늘어졌지요.
"큰일이야. 이대로 가다가는 죽겠어."
어쩔 수 없이 사육사 이토는 직접 우유를 주기로 했습니다. 그때까지 새끼 하마가 사람의 손에서 자라는 경우는 일본에서 한 번도 없었어요.

이토는 목장에서 사 온 우유를 조금씩 조금씩 모모의 입속에 넣어 주었습니다.

"앗, 먹었다! 먹었어! 다행이야!"

몇 주 뒤 모모는 건강을 회복했어요. 그래서 다시 연못에 돌려보내려 했지만, 좀처럼 물에 몸을 담그려 하지 않았습니다. 연못의 수심은 고작 2m였지요. 그러나 어미가 있는 곳에 가지 못하고 허둥댈 뿐이었어요.

"모모…… 혹시, 헤엄칠 줄 모르는 건가?"

이토를 비롯한 사육사들은 동물원 내에 있는 수심이 얕은 '안데스 연못'에서 시험해 보기로 했습니다. 사육사들도 함께 물에 들어가 모모가 용기를 낼 수 있도록 도왔어요.

"이리 와 봐. 물의 느낌이 어때? 재밌지?"

사육사들의 응원에 모모는 물에 쏙 들어가긴 했지만 어푸어푸 소리를 내며 허우적거렸습니다.

물속에 들어가면 콧구멍을 꼭 닫아야 하는데, 서툴러서 코로 물을 들이마신 거예요.

"모모가 커서 새끼도 낳아 기르려면 어떻게 해야 할까."

이토는 고민에 빠졌습니다. 그리고 생각한 끝에 결심했습니다.

"좋아. 오늘부터 모모에게 수영 특훈이다!"

 **연못에 돌아가고 싶어! 모모의 수영 특훈**

소식을 들은 기자들이 동물원에 속속 달려왔습니다. 많은 사람이 지켜보는 가운데 모모의 특훈이 시작되었습니다. 우선은 사육사 두 명이 안아 올려 물에 띄웠어요. 그리고 살짝 손을 놓았지요. 처음에는 뽀글뽀글 가라앉을 뿐이었어요.

"괜찮아, 모모! 넌 할 수 있어."

모두가 응원하는 가운데 몇 번이고 도전했습니다. 그러자 조금씩 코 닫는 법, 물 젓는 법을 터득해 갔습니다.

"좋아, 모모! 그거야!"

이토의 격려에 모모는 작은 발을 버둥거리면서 필사적으로 헤엄을 쳤습니다. 그러자 몸 전체가 조금씩 물에 뜨기 시작했습니다.

이번에는 조금 멀리 떨어져서 모모를 불렀습니다.

"모모, 나 있는 곳까지 와 봐!"

그러자 모모는 기쁜 듯한 얼굴로 퍽퍽 헤엄쳐 왔습니다. 마치 사람이 접영을 하듯이 첨벙첨벙 헤엄쳤지요.

어푸어푸

"괜찮아. 모모가 하는 방식으로. 그래그래. 그렇게. 하니까 되잖아!"
 몇 번이고 몇 번이고 도전했어요. 그리고 마침내 16번의 특훈 끝에 모모는 헤엄칠 수 있게 되었습니다. 그리고 나서 2년 후 체중이 350kg이 되었을 무렵, 겨우 어미가 기다리는 하마 연못에 돌아갈 수 있었습니다.
 "잘 됐어. 이제야 가족과 함께 살 수 있게 됐구나."
 수년 후, 여섯 살이 된 모모는 다행히 건강한 새끼를 낳았습니다.
 사육사의 걱정이 우습게도 모모는 물속에서 제대로, 새끼에게 젖을 줄 수 있었습니다.

## 거짓말 같은?! 눈물 나는 동물 NEWS ①

전 세계에서 일어난 불가사의하고 신기한 동물 사건을 소개합니다.

### 병원에 찾아온 고양이

터키의 한 병원 앞에 들고양이 1마리가 울고 있었습니다. 살펴보니 출산의 어려움으로 아파하고 있었습니다. 곧바로 동물병원에 옮겨져 무사히 새끼 4마리를 낳았습니다.

도와주세요.

### 거머리 약 5000마리의 행방

2018년 10월 17일, 거머리 약 5000마리를 밀수하려던 남자가 캐나다 공항에서 붙잡혔습니다. 압수한 약 5000마리의 거머리를 죽일 수도 없고, 가져갈 사람도 없어서 직원이 몹시 곤란해했다고 합니다.

### 두꺼비 비

1901년, 미국 미네소타 주에서 엄청난 폭풍우 가운데 갑자기 몇 천 마리의 두꺼비와 개구리가 비처럼 내렸습니다. 프랑스나 일본에서도 개구리나 올챙이 비가 내린 적이 있다고 합니다.

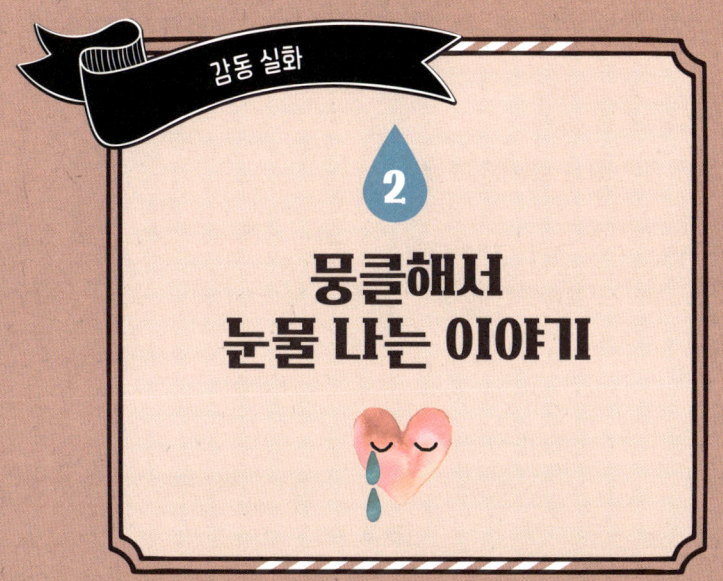

전 세계 사람들의 마음을 울리는

동물 이야기를 소개합니다.

## 18 목숨 걸고 차도로 돌진! 주인을 구한 돼지

뭉클해서 눈물 나는 이야기

- 주인공 : 룰루(미니돼지)
- 언제 : 1998년 8월
- 어디서 : 미국

 **캠핑카로 즐거운 여행**

지금부터 시작될 이야기가 SNS 활동이 활발한 요즘에 일어난 일이었다면, 어느 작은 돼지 한 마리는 순식간에 전 세계적인 스타가 되었을 것입니다.

1998년 여름, 미국 펜실베이니아 주 비버폴스에 사는 조 알츠만은 남편 잭과 캠핑카로 여행을 떠나기로 했습니다. 아메리칸 에스키모 도그인 '베어', 그리고 미니돼지 '룰루'도 함께 말이지요.

부부는 즐거운 여행이 되리라 생각했습니다. 다른 의미로 잊을 수 없는 여행이 될 것이라고는 상상도 못했지요.

그리고 그 일을 계기로 부부와 룰루는 이전보다 훨씬 강한 유대감을 가지게 되었습니다.

 **쓰러진 조와 반려동물들**

여행 중 조는 심장 발작을 일으켰습니다. 8월 4일의 일이었어요. 당시 잭은 캠핑카를 주차한 후 가까운 호수에 낚시하러 가 있던 차였습니다.

조는 괴로움을 견디지 못하고 바닥에 쓰러졌습니다. 그러고는 커다란 소리로 도움을 요청했어요.

주변에 있던 자명종을 들어 창문을 향해 던져 보기도 하며, 누군가 제발 자신의 위급한 상황을 눈치채고 도와주기를 기대했습니다. 하지만 근처에 아무도 없었기 때문에 소용이 없었지요.

베어는 즉시 차 밖으로 나가 커다란 소리로 짖기 시작했습니다. 함께 있던 룰루도 분위기가 심상치 않다는 것을 알아차린 듯합니다. 자신도 뭔가 해야 한다고 생각한 게 분명했죠. 몸으로 문을 열고 밖으로 달려나갔거든요.

룰루는 반려 돼지였기 때문에, 평상시 산책을 나갈 때는 반드시 목걸이와 목줄을 했습니다. 혼자서 산책을 한 적은 한 번도 없었지요.

그랬기 때문에 당연히 룰루는 갑자기 혼자서 이리저리 헤집고 다니며

여기저기에 몸을 부딪쳐 상처가 나고 상당히 많은 피를 흘렸다고 해요.
 룰루 입장이 되어 생각해 보세요. 사랑하는 주인이 눈앞에서 쓰러진 상황에서 얼마나 당황했을까요?
 자신이 밖으로 나가 어떻게든 도움을 청하지 않으면 주인의 목숨이 위험하다는 걸 알았겠지요.
 룰루는 그대로 앞에 있는 도로까지 달려갔습니다. 어떻게 도움을 청했을까요?
 그때 룰루는 뛰어난 순발력을 발휘했습니다. 바로 도로 한가운데 쓰러져 죽은 척한 것이에요.

 **차에서 내린 운전자, 룰루가 안내한 곳에는……**

 갑자기 도로로 튀어나온 돼지가 쓰러지자 당시 그 길을 지나던 운전자는 상당히 놀랐을 테지요.
 운전자가 다친 정도를 살피려 차에서 내려 가까이 다가갔습니다. 그러자 갑자기 쓰러져 있던 돼지가 일어나는 거예요. 그러더니 운전자의 몸을 밀어 어딘가로 데려가려고 했습니다.
 룰루가 미는 대로 주차장에 들어선 운전자는 문이 부서진 캠핑카를 발견했습니다. 심상치 않은 분위기를 감지하고 곧장 안으로 들어갔습니다. 그러고는 쓰러져 괴로워하고 있는 조를 발견하고 즉시 구급차를 불렀습니다.
 조는 가까운 병원으로 옮겨져 수술을 받았지요. 15분만 늦었어도 조는 목숨을 잃었을 거라고 합니다.
 뉴욕 메이플라워 호텔에서 행해진 미국 동물학대방지협회 주최 만찬

주인을 구한 돼지 18

회에서 룰루는 티파니에서 제조한 '황금 영웅 메달'을 받았습니다. 「오프라 윈프리 쇼」 등 미국 전체에 방영되는 토크쇼에도 게스트로 출연했답니다.

룰루를 보면 돼지 역시 고양이와 개만큼 지능이 높은 동물일지도 모릅니다.

## 19 목숨을 건 수족관 탈출! 바다로 돌아간 문어

◆ 주인공 : 잉키(문어)
◆ 언제 : 2016년
◆ 어디서 : 뉴질랜드

 밤의 수족관에서 일어난 문어의 탈출극

   영화 「도리를 찾아서」에 나오는, 수족관에서 탈출하는 행크라는 문어를 아나요? 실은 행크와 꼭 닮은 문어가 뉴질랜드에 있었습니다.
   한번 상상해 보세요.

   한밤중, 수족관에 있던 어느 문어가 조그만 틈 사이로 수족관을 빠져나와 조용히 바닥으로 내려온다. 문어는 그대로 야구공 크기에 불과한 지름 15cm의 배수관으로 미끄러져 들어간다. 그러고는 배수관을 통해 유유히 바다로 돌아간다…….

   이 이야기의 주인공인 문어의 이름은 '잉키'입니다.
   기가 막힌 탈출로 뉴질랜드 네이피어 국립수족관에서 살던 잉키는 전 세계 뉴스의 헤드라인을 장식했습니다. 수족관에서 나와 배수관을 타고 50m나 기어서 바다로 달아난 것입니다.
   수족관 직원이 총동원되어 배수관을 조사한 결과, 잉키가 기어간 자국을 발견했다고 해요. 하지만 잉키의 모습은 어디에서도 찾을 수 없었어요.
   사실 잉키의 탈출은 바로 발각되지 않았습니다. 잉키가 사라진 것을 안 것은 상당한 시간이 지난 뒤였지요.

 한편, 다른 나라 영국의 한 수족관에는 밤이 되면 수족관에서 빠져나와 옆 수족관에 가는 문어가 있었다고 합니다. 그 수족관에서 물고기를 잡아먹은 뒤 아침이 되면 되돌아갔다는데요. 문어는 인간이 생각하는 것보다 훨씬 머리가 좋은지도 모릅니다.

 참고로 같은 수족관에 있던 브로치라는 문어는 잉키를 따라가지 않았어요. 자유로운 바다보다 수족관에서의 쾌적한 생활이 더 좋았나 봐요.

## 변기 물을 주인의 얼굴에……
# 화재를 알린 고양이

20

◆ 주인공 : 마카오(고양이)
◆ 언제 : 2010년 4월 7일
◆ 어디서 : 뉴질랜드

 **젖은 발로 주인의 얼굴을 밟는 고양이**

반려동물을 맞는다면 개가 좋을까요, 고양이가 좋을까요?

예전부터 자주 받는 질문입니다. 한 리서치 회사의 조사에 의하면 뉴질랜드 사람들은 고양이를 더 선호한다고 하네요.

그런 뉴질랜드에서 어느 영리한 고양이가 주인의 목숨을 구했습니다. 바로 뉴질랜드 남섬 동남쪽에 있는 오타고라는 지역에서 일어난 일이지요.

2010년 4월 7일 늦은 밤, 베번과 케이트 부부는 잠을 자고 있었습니다. 곤히 잠든 부부의 얼굴 위로 고양이 '마카오'가 밟고 다녔지만요. 마카오는 부부가 기르고 있는 고양이입니다. 그 정도면 흔히 있는 일인지라 신경 쓰지 않고 계속 잤을지도 모릅니다.

그러나 그날 마카오의 발은 평상시와 달랐습니다. 바로 발이 축축하게 물에 흠뻑 젖어 있었던 거예요. 마카오는 그 젖은 발로 부부의 얼굴 위를 3번이나 왔다 갔다 했습니다.

'앗, 차가워. 이게 무슨 일이지?'

흠뻑 잠에 빠져 있던 부부는 참다 못해 눈을 뜰 수밖에 없었어요.

그런데 두 사람이 일어난 순간 눈앞에 공포스러운 광경이 펼쳐져 있었습니다.

침실 창문으로 활활 타오르고 있는 불길이 보였던 것이에요. 그렇습니다. 밤사이 옆집에서 화재가 발생하며 불길이 바로 부부의 코앞까지 다가와 있었습니다.

부부는 당황하여 소방서에 신고했습니다. 달려온 소방대원들에 의해 즉시 화재는 진압되었고, 다친 사람도 없었습니다. 옆집 창고에서 시작된 불이 부부의 차고에 있던 휘발유 통으로 옮겨붙기 직전이었다고 합니다.

마카오가 아니었다면 큰일날 뻔했지요. 그렇다고 하더라도 왜 마카오는 발이 젖어 있었던 것일까요? 그것은 마카오가 화장실 변기 물에 일부러 두 발을 담갔기 때문입니다. 변기 물이라니 썩 내키지 않지만……, 부부를 확실히 깨우기 위해 취한 매우 영리한 행동이었습니다.

## 뭉클해서 눈물 나는 이야기

### 21. 113연패에도 계속 달렸다! 경주마 하루우라라

◆ 주인공 : 하루우라라(말)
◆ 언제 : 2003년
◆ 어디서 : 일본 고치 현

 **계속 지기만 하는 말의 수수께끼**

2003년의 일입니다. 일본 고치 현에 있는 고치 경마장에서 경기 실황을 중계하던 아나운서가 한 마리 말의 성적표를 보고 고개를 갸웃했습니다.

'하루우라라'라는 이름의 말이 60회 이상 출전하여 단 1번도 이긴 적이 없었기 때문이에요. 이런 경우는 경마의 세계에서는 거의 없는 일이었지요.

그도 그럴 것이 경기에 나가는 말은 목장에서 태어나면서부터 조련사(경주에서 빨리 달릴 수 있도록 훈련시키는 사람)에게 훈련을 받습니다. 한 달에 수백만 원, 적어도 백만 원 이상의 비용이 듭니다. 말이 이기면 상금이 들어오지만 이기지 않으면 투자비만 나갑니다. 그래서 3년 정도 출전시켜 보고 승산이 없어 보이면 승마용 말로 보내지지요.

하루우라라처럼 계속 지기만 하는데도 출전하는 말은 경마의 세계에서 최초였습니다.

 **첫 경주의 결과는 꼴등**

하루우라라는 1996년, 홋카이도에서 태어났습니다. 하루우라라의 아

비는 큰 경기에서도 이긴 명마였지요. 그러나 하루우라라의 어미는 체구가 작은 말로, 11번 출전하여 한 번도 이긴 적이 없었어요.

하루우라라는 어미를 닮아 체구가 작은 암말이었습니다. 말괄량이긴 했지만, 병에 걸리거나 다치는 일도 없었지요. 그리고 1998년, 고치 경마장 제1 레이스에 출전합니다.

결과는 5마리 중 5위. 이후에도 모든 경기에서 패배하면서 하루우라라는 조금씩 사람들에게 알려지기 시작했어요.

연패를 계속해도 열심히 달리는 경주마가 있다는 기사가 지역 신문에

난 것입니다. 이 기사가 순식간에 화제가 되면서 하루우라라의 인기가 급상승했습니다. 보통 경주마는 큰 경기에서 강한 상대를 이긴 것이나 연승 행렬로 유명해지는데, 하루우라라는 계속 져서 유명해진 것이죠.

하루우라라를 타는 기수는 물론 조련사도 말 주인도 모두 하루우라라가 이기기만을 바랐습니다. 하지만 경마장에 오는 사람 대부분은 하루우라라의 우승이 아닌 최선을 다해 달리는 모습을 기대하며 왔습니다.

 **지기만 하는 하루우라라, 스타가 되다!**

하루우라라는 기대에 부응하듯 연패를 이어갔어요. 100연패를 했을 때는 당근으로 만든 목걸이를 받았습니다. 당시 기자 회견에서 함께 출전에 임한 조련사는 이렇게 말했습니다.

"작고 힘이 약해 걱정했지만, 정말 열심히 달려 주었어요."

그리고 2004년, 하루우라라의 106전 경기에는 당시 최고의 기수였던 다케 유타카가 나섰습니다. 그 경기를 보기 위해 고치 경마장 사상 최다 관객이 모였지요. 심지어 텔레비전으로도 방송되었어요.

물론 그 경기에서도 하루우라라는 11마리 중 10등을 기록했습니다. 결국 하루우라라는 113번 출전하여 한 번도 이기지 못하고 은퇴했습니다.

 **어디로 갔을까? 은퇴 후의 행방**

하루우라라가 고치 경마장에서 모습을 감춘 것은 2004년 가을이었습니다. 은퇴식도 없이 갑자기 사라져 버렸지요. 한동안 트레이닝 목장에서 봤다느니 어딘가의 승마 클럽에 있다느니, 여러 소문이 돌았어요. 그러다 어느 순간 아무런 소식도 들을 수 없었습니다. 하루우라라가 행방불명이 된 것입니다.

사람들은 어쩌면 이미 죽었는지도 모른다고 걱정했지요. 하루우라라의 행방을 겨우 알게 된 것은 2013년이 되어서입니다.

하루우라라는 사람들의 걱정과는 달리 일본 치바 현의 목장에서 느긋한 삶을 즐기고 있었습니다. 교통안전 포스터에도 나왔다고 하니 은퇴 후에도 여전히 인기인 모양입니다.

## 22. 16년간 아내를 만나러 가다
## 부부는 장거리 연애 중

- 주인공 : 클레페탄과 말레나 (황새)
- 언제 : 2018년 4월
- 어디서 : 크로아티아

 **남편 클레페탄과 아내 말레나**

여기는 유럽의 크로아티아. 사람들이 새 둥지를 쳐다보며 기뻐합니다. 무슨 일일까요? 올봄에도 수컷 황새가 암컷 둥지에 돌아왔기 때문인데요, 사연인즉슨 이렇습니다.

수컷의 이름은 클레페탄입니다. 16년 동안 매년 월동지인 남아프리카에서 약 1만 3500km를 날아서 크로아티아의 브로드스키 바로스 마을로 돌아옵니다. 그곳에 바로 암컷 말레나가 있기 때문이지요. 클레페탄과 말레나는 부부입니다. 매년 클레페탄이 말레나의 둥지에 돌아오면 말레나는 알을 낳고 둘이 함께 새끼를 기릅니다.

 **사냥꾼의 총에 맞아 날 수 없게 된 말레나**

황새는 겨울을 따뜻한 지역에서 지내는 철새입니다. 말레나도 원래는 남아프리카로 날아가야 하지만 20여 년 전에 사냥꾼의 총에 날개를 맞아 날 수 없게 되어 버렸습니다.

남편 클레페탄은 가을이 되면 아내 말레나의 곁을 떠납니다. 하지만 다음 해 3월에는 반드시 말레나의 둥지로 돌아오지요.

부부는 장거리 연애 중 22

클레페탄은 말레나 이외의 암컷에게는 눈길도 주지 않아요. 그리고 말레나 역시 그런 클레페탄을 믿고 있는 듯, 다른 수컷의 구애를 받아들이지 않지요.

황새가 이 정도 오랜 세월 동안 '장거리 연애'를 지속하는 것은 드문 일이라고 합니다. 매년 봄이 되면 말레나의 둥지 앞에는 카메라가 설치되는데요, 사이좋은 황새 부부의 모습을 궁금해하는 사람들을 위해 텔레비전이나 인터넷 등으로 보도됩니다. 이것을 본 사람들은 모두 마음이 편안해지고, 행복해진다고 하네요.

## 23. 사랑하는 주인이 심장 발작! 구조 전화를 한 잉꼬

◆ 주인공 : 찰리(잉꼬)
◆ 언제 : 불명
◆ 어디서 : 영국

 **잉꼬는 영국에서 인기 있는 반려동물!**

　잉꼬는 외관이 아름답고 사람을 쉽게 따르는 성격 덕분에 많은 사랑을 받고 있습니다.
　사람이 잉꼬를 반려동물로 맞이한 것은 1840년대부터인데요, 조류학자이자 새 예술가인 존 굴드가 영국에 잉꼬를 들여와 동물원에서 번식시킨 것이 그 계기입니다. 그런 배경이 있었기 때문인지 지금도 영국에서는 잉꼬를 많이 기릅니다.

 **전화기에 구세주 강림!**

　영국 텔포드에 사는 제프 브랜드는 다섯 살 된 잉꼬 '찰리'와 함께 살고 있었습니다.
　그러던 어느 날 제프의 신변에 큰일이 발생했습니다. 거실에서 심장 발작을 일으켜 쓰러지고 만 것이에요. 제프는 가슴이 답답해서 움직일 수도 없었어요. 그야말로 절체절명 위기의 순간이었지요.
　그때였습니다. 거실을 날아다니던 찰리가 전화기 위로 내려앉았습니다. 그 순간 때마침 수화기가 미끄러지며 재다이얼 버튼이 눌리면서 그의 친구에게 전화가 연결되었습니다.

어리둥절

전화를 받은 친구는 전화기에서 신음 소리가 들리자 매우 놀랐습니다. 그러나 곧 전화기에 찍힌 번호가 제프인 것을 알고 달려갔습니다. 집에 도착하니 제프가 쓰러진 채 괴로워하고 있었어요. 제프의 친구는 곧바로 구급차를 불렀지요.

병원에서 치료를 받은 제프는 9일 후 건강해진 몸으로 퇴원할 수 있었습니다.

제프는 목숨을 구해 준 찰리에게 감사하며 새장과 급수기, 장난감 등을 선물했다고 합니다.

## 24 매일 소녀에게 마음을 전하다
### 까마귀의 선물

◆ 주인공 : 까마귀
◆ 언제 : 2013년부터
◆ 어디서 : 미국

 **게이비의 자랑, 컬렉션 박스**

마당에 종종 새가 찾아오는 걸 본 적이 있나요? 자신이 사는 곳에 새가 찾아오면 반기는 사람이 많아요.

그러나 인간에게 먼저 애정을 표현하는 새는 별로 없어요.

그런 면에서 미국 시애틀에 사는 한 소녀, 게이비는 운이 몹시 좋은 편입니다. 게이비의 집을 찾는 까마귀 손님에게 특별한 애정 표현을 받고 있기 때문인데요, 이 까마귀는 매일 게이비의 집 마당에 찾아와 특별한 선물을 놓고 간다고 합니다.

게이비의 자랑은 까마귀에게 받은 선물을 모두 모아 둔 컬렉션 상자입니다.

작은 은 공, 검은 단추, 파란 클립, 노란 비즈, 빛바랜 검은 스펀지, 파란 레고 블록……. 컬렉션 상자에 든 선물은 무척 다양합니다. 어린 여자아이의 보물치고는 조금 희귀한 물건들이지만, 게이비에게는 세상에서 가장 소중한 물건들이지요.

특히 마음에 드는 것은 '베스트'라는 문자가 새겨진 금속판이라고 하네요. 그러면서 게이비는 이렇게 말했습니다.

"아마도 '베스트 프렌드(Best Friend)' 중 '프렌드'가 적힌 나머지 한 짝은 까마귀가 가지고 있지 않을까요?"

 **남은 도시락을 까마귀에게 나누어 주다**

게이비와 까마귀의 관계가 시작된 것은 2011년의 일로 거슬러 올라갑니다. 당시 네 살 무렵이었던 게이비는 자주 음식을 흘리는 여느 평범한 아이였습니다.

어느 날 게이비는 차에서 내리며 손에 쥐고 있던 치킨 너겟을 떨어뜨리고 말아요.

이를 본 까마귀들은 단숨에 달려들어 땅에 떨어진 치킨 너겟을 먹어 치웠습니다. 그러고는 게이비를 향해 더 달라는 듯한 시선을 보냈다고 합니다.
　게이비는 전혀 무서워하지 않고 그 뒤로 까마귀를 보면 음식을 주게 되었습니다.
　초등학생이 된 뒤에는 스쿨버스에서 내려 집에 들어가기 전에 까마귀를 위해 남겨 온 음식을 주었어요.
　그러자 어느 새 얼마 안 가 까마귀들이 일렬로 게이비가 타고 오는 스쿨버스를 기다리게 되었다고 합니다.
　게이비의 엄마 리사는 이렇게 말했습니다.
　"게이비는 까마귀를 아주 좋아해서 음식 주는 것을 즐겼어요."

 **잃어버린 렌즈 뚜껑을 돌려준 것은……**

　엄마와 게이비가 매일 먹이를 주게 된 것은 2013년부터였습니다. 뒷마당에 있는 물놀이장에 깨끗한 물을 채우고 모이 그릇에 땅콩을 쌓아 놓았지요.
　까마귀 사료를 주는 일은 게이비의 일입니다. 그 모습을 본 까마귀들은 차례차례 모여들어 전선에 앉습니다.
　리사는 그런 까마귀의 모습을 정기적으로 사진에 담고 있습니다. 찍은 사진에 간단한 코멘트를 적어 함께 기록해 두는데요, 최근에 놀라운 일이 일어났습니다.
　그날, 신기하게도 집 근처 상공을 흰머리수리가 날고 있는 거예요. 보기 드문 광경에 사진을 찍는 데 정신이 팔린 사이, 리사는 카메라 렌즈 뚜껑을 잃어버리고 말았습니다. 리사는 속상했지요. 그런데 그 후 얼마 지나지 않아 뚜껑을 되찾을 수 있었습니다. 어떻게 된 일일까요?

원래 집에는 물놀이장을 모니터하는 카메라가 있었습니다. 이 카메라에 찍혀 있던 영상을 우연히 보던 리사는 놀라운 장면을 발견했습니다. 한 까마귀가 잃어버린 렌즈 뚜껑을 입에 물고 물놀이장에서 깨끗이 헹구고 있는 장면이었지요.

"제 것인 줄 안 것일까요? 주운 후 일부러 깨끗이 씻어서 돌려주었어요."

까마귓과 조류 전문가로 유명한 워싱턴 대학 존 마즈러프 교수는 다음과 같이 말했습니다.

"먹이를 주는 사람과 까마귀는 일대일 관계를 맺게 됩니다. 그만큼 서로의 신호를 깊이 이해하고 나눌 수 있게 되지요."

게이비의 컬렉션은 지금도 매일 늘고 있다고 합니다.

## 25. 청년과 사자
### 야생으로 돌아간 사자와의 재회!

◆ 주인공 : 크리스티앙(사자)
◆ 언제 : 1969년
◆ 어디서 : 영국

 **새끼 사자와 두 청년**

1969년, 영국 런던의 한 백화점에서 일어난 일입니다.
"봐, 새끼 사자야."
"와~! 귀엽다."
두 청년 존과 앤서니는 좁은 우리를 들여다보았습니다.
당시 그 백화점의 특별 행사 코너에서는 동물원에서 태어난 어린 수사자를 팔고 있었습니다.
"근데 왠지 쓸쓸해 보여."
"우리가 기르면 안 될까?"
두 사람이 같이 사는 아파트 주인은 1층에서 가구점을 운영했는데요, 두 사람은 거기서 일하고 있었습니다.
주인의 너그러운 허락으로 두 사람은 가구점에 있는 지하실에서 새끼 사자를 키우게 되었습니다. 새끼 사자의 이름은 '크리스티앙'으로 지었지요. 곧 가구점은 새끼 사자로 인해 유명해졌습니다.

 **크리스티앙과의 즐거운 생활**

크리스티앙은 붙임성이 좋고 애정 표현이 풍부한 귀여운 새끼 사자였

습니다.

  크리스티앙은 종종 두 사람에게 얼굴을 비비고 뒷발로 서서 매달렸어요. 수시로 쓰레기통을 뒤엎기도 하고 뛰어다니기도 하며 많은 장난을 쳤지요. 두 사람은 그런 크리스티앙과의 생활이 너무 즐거웠습니다.

  그런데 기른 지 4개월이 지나자, 크리스티앙의 몸이 갑자기 달라지기 시작했습니다.

  체중은 60kg을 넘었고, 갈기도 다 자란 수컷 사자의 갈기처럼 풍성해졌어요.

  크리스티앙의 먹이량이 늘면서 식비도 늘었지요. 무엇보다 아파트가 크리스티앙이 살기에는 비좁아졌습니다.

### 크리스티앙과의 즐거운 생활

"크리스티앙이 계속 여기에서 사는 게 행복할까요?"
 두 사람은 우연히 가구점에 온 배우 부부에게 상담을 했습니다. 야생 동물 영화에 출연한 배우였는데요, 이야기를 들은 부부는 아프리카 야생 보호 활동가인 조지 애덤슨을 소개해 주었습니다.
 애덤슨은 아프리카 케냐에서 크리스티앙이 살아갈 수 있는 장소를 찾아주고 돌봐 주기로 했어요. 당시 크리스티앙의 체중은 80kg를 넘어 이미 두 사람의 집에서 지내기 어려운 상태였습니다. 그래서 케냐로 떠나기 전 몇 개월 동안은 런던 교외에서 지내다가, 곧 케냐에서 적응 훈련을 받기 시작했지요.
 두 사람은 적응 훈련을 도와주기 위해 함께 케냐에서 10일을 지냈어요. 헤어지는 날, 크리스티앙은 좀처럼 두 사람 곁을 떠나려 하지 않았습니다. 그러나 차가 달리기 시작하자 가만히 두 사람을 바라볼 뿐이었지요. 두 사람의 눈에는 눈물이 그렁그렁했습니다.

 ### 야생에서 사는 크리스티앙과의 재회

런던으로 돌아와서도 크리스티앙이 걱정된 두 사람은 1년 후 다시 케냐를 찾았습니다. 애덤슨은 둘을 크리스티앙이 살고 있는 언덕으로 안내해 주었습니다.
 "크리스티앙은 자네들을 이미 잊어버렸을지도 몰라."
 하지만 두 사람은 그래도 상관없다고 생각했습니다.

청년과 사자 25

잠시 후, 바위 사이에서 커다란 사자가 얼굴을 내밀었습니다. 크리스티앙이었어요. 크리스티앙은 조금 주저하는 듯하다가 이윽고 천천히 두 사람 쪽으로 달려왔습니다.
"크리스티앙!"
이름이 불린 크리스티앙은 뒷다리로 섰습니다. 그리고 두 사람을 번갈아 안으며 커다란 얼굴을 격렬하게 비볐습니다. 무게에 비틀거리며 두 사람도 힘껏 크리스티앙을 안았지요.
"기억하고 있었구나!"
그 후에도 크리스티앙은 야생에서 건강하게 잘 살았다고 합니다.

기억하고 있었구나!

## 26 산불로 단 1마리만 살아남다! 코알라 럭키

◆ 주인공 : 럭키(코알라)
◆ 언제 : 2003년 1월
◆ 어디서 : 오스트레일리아

 **오스트레일리아 사상 최악의 산불**

2003년 1월, 오스트레일리아 남동부의 국립 공원에서 산불이 발생했습니다. 강풍으로 불이 퍼져서, 피해 범위가 상당히 넓었습니다.

산불로 인해 국립 공원에서 50km나 떨어진 수도 캔버라도 불길에 휩싸였습니다. 530채의 집이 타고 5000명 이상이 피난을 갔습니다. 부상자는 500명 이상, 사망자도 4명이나 나왔습니다.

이 산불은 '오스트레일리아 사상 최악의 대참사'로 이어졌지요.

국립 공원 옆에 있는 자연공원은 야생 동물의 낙원이었습니다. 하지만 산불로 부지의 99%가 타고, 안에 있던 동물 95%가 목숨을 잃었습니다.

 **불길에 휩싸인 자연공원에 코알라 1마리가 살아남다!**

대화재가 난 지 6일이 지났습니다. 자연공원의 피해 상황을 조사하기 위해 수의사 앤드류와 공원 관리원들이 안으로 들어갔습니다.

"이거 심각한데……."

대부분의 나무가 타 버려 주위에는 아직 탄내가 감돌고 있었습니다. 코알라가 살던 '유칼립투스 숲'도 마찬가지였습니다.

어느 유칼립투스 나무 위에 코알라 1마리가 나무에 매달린 채 죽어 있

코알라 럭키

는 것이 보였습니다.

그런데 혹시나 싶어 나뭇가지로 툭툭 쳐 보았어요.

"앗? 지금 움직인 거 아냐?"

모두 조심스럽게 나무를 쓰러뜨려 그 코알라를 살펴보았지요.

"믿을 수 없어! 살아 있어!"

유칼립투스 숲에 살고 있던 25마리의 코알라 중 살아남은 것은 이 코알라 1마리뿐이었습니다.

이봐, 살아 있어!

##  화상 입은 코알라, 럭키 힘내!

목숨을 건졌다고는 해도, 코알라는 몸의 3분의 1 이상 화상을 입었어요. 등의 털은 타서 오그라들었고, 귀는 반이 떨어져 나갔습니다. 눈, 코, 입이 모두 타서 문드러져 있었지요. 즉시 동물원으로 옮겨져 앤드류와 직원들의 치료를 받았습니다.

동물은 몸의 3분의 1 이상 화상을 입으면 목숨이 위험하다고 합니다. 심각한 부상에서 목숨을 구하기 위해서는 음식 섭취를 하며 몸을 회복하는 일이 가장 중요합니다.

앤드류는 평소 코알라의 먹이인 유칼립투스 잎을 으깨서 먹기 좋게 만들었어요. 그러고는 으깬 잎을 숟가락으로 떠서 코알라의 코앞에 가져가 보았습니다.

그러자 코알라가 할짝 핥는 거예요. 이어서 두유를 주자 그것도 꿀꺽 마셨습니다.

"좋아! 이 녀석은 살고자 하는 의지가 강해!"

앤드류는 코알라에게 계속 먹이를 주며 살뜰하게 돌보아 주었습니다. 그 정성을 알았는지 코알라도 가느다란 생명의 끈을 놓지 않았죠. 위기를 넘기자 동물원 직원들 사이에서 어떻게 이 코알라만 살아남았는지 의문이 생겼습니다.

"우연히 땅에 내려와 있다가 동굴 같은 데 숨은 게 아닐까? 덕분에 재난을 피한 거지. 나무에는 불이 꺼진 뒤에 올라간 거고."

"우연히라면, 정말 럭키로군."

비록 큰 화상을 입었지만, 코알라는 홀로 살아남을 수 있었습니다. 그래서 운이 좋다는 뜻의 '럭키'라고 불리게 되었습니다.

 **화재를 극복한 럭키, 희망의 상징이 되다**

  럭키는 힘든 치료와 재활 훈련을 잘 견디며 조금씩 건강해졌습니다. 그 모습이 신문과 텔레비전에 소개되었어요. 이번 화재로 피해를 입은 캔버라 사람들은 그 모습을 보고 큰 용기를 얻었지요.

  산불이 난 지 9개월 후 럭키는 치료를 마치고 유칼립투스 숲으로 돌아갔습니다. 원상태로 돌아가려면 50년은 걸린다고 하는 자연공원의 나무들에도 새잎이 움트기 시작했으니, 럭키도 새 삶을 시작할 수 있을 거예요.

**뭉클해서 눈물 나는 이야기**

## 27
### 약을 운반해 마을을 구하라!
### 썰매 견 발토

◆ 주인공 : 발토(개)
◆ 언제 : 1925년
◆ 어디서 : 미국

 **약이 없어! 절체절명의 마을**

"큰일 났어. 이대로 가다가는 아이들이 다 죽겠어!"

1925년 겨울, 미국 북쪽에 있는 알래스카 주에 큰 눈이 내리고 심한 눈보라가 휘몰아쳤습니다.

설상가상으로, 놈이라는 작은 마을에서는 '디프테리아'라는 질병이 대유행을 했습니다. 디프테리아는 어린아이들이 걸리기 쉽고 내버려 두면 목숨조차 위태로워지는 병이에요.

"어서 약을 먹여야 해!"

"큰일이야. 이 마을에는 이제 약이 다 떨어졌어!"

병은 이미 마을 전체로 퍼졌습니다.

"네나나 마을에는 아직 약이 있대."

그런 희소식이 들어왔지만 놈에서 네나나까지 약 1000km나 떨어져 있었어요. 이런 눈보라 속에서 차나 열차를 운행할 수도 없는 노릇이었지요.

모두가 어찌할 바를 몰라 하던 그때였어요.

"그래! 개썰매를 이용하면 돼!"

마을 사람들은 개썰매를 이용하여 네나나에서 약을 운반해 와야겠다고 생각했습니다. 하지만 네나나에서 놈까지 쉬지 않고 달려도 9일은 걸렸어요. 그래서 마을에서 마을로, 개썰매 릴레이로 연결할 작전을 세웠

습니다.
  썰매를 끄는 개들은 시베리안허스키였습니다. 몸이 크고 추위에 강하기 때문에 알래스카에서는 '일하는 개'로 활약하는 믿음직스러운 종이지요.
  "좋아. 너희들에게 맡긴다!"
  첫 개썰매 팀이 네나나를 출발하여 휘몰아치는 눈보라 속을 달리기 시작했습니다.
  개썰매는 쉴 틈도 없이 계속 달렸어요. 썰매에서 썰매로 약을 옮기며

순조롭게 운반되는 듯 보였습니다.

 **마지막 개썰매 팀, 카센과 발토**

그런데 놈까지 고작 한 마을만이 남은 날 밤, 눈보라가 더욱 거세졌습니다.
"이래서는…… 불가능해."
사람들이 포기하려 할 때 마지막 개썰매 팀 카센 대장이 중얼거렸습니다.
"아니. 우리에겐 발토가 있어!"
발토는 개썰매 팀 중에서도 특히 강인하고 영리한 리더 개였습니다. 어둠 속에서 옆 마을에서 달려오는 썰매 소리가 들렸어요. 약을 건네받자 그 즉시 발토가 우렁찬 출발 소리를 냈습니다.
"멍! 멍!"
개들은 어둠 속으로 달려 나갔습니다. 발토는 지혜롭게 썰매를 이끌었지요.
그런데 갑자기 발토가 속도를 늦추더니 멈추는 거예요.
알고 보니 바로 앞에 커다란 강이 흐르고 있었어요. 눈에 완전히 가려져 강은 사실 보이지도 않았습니다.
그러나 발토는 직전에 강을 알아채고, 카센에게 위험 신호를 보냈던 것입니다.
"고마워. 네가 알아채지 못했다면 우리는 강에 빠져 목숨을 잃었을 거야."
발토 덕분에 카센 일행은 목숨을 구할 수 있었습니다.

 약이 마침내 마을에 도착하다!

하지만 눈보라 속을 계속 달리며 개들은 지쳐 갔어요.
"조금 더. 부탁해! 힘내 줘."
그런 카센의 목소리에 발토는 마지막 힘을 쥐어짜 달렸고, 나머지 개들도 점점 속도를 냈습니다. 그리고 동이 터 오기 시작했을 무렵입니다.
"마을이다! 마을이 보여!"
개썰매 팀이 마침내 목적지에 도착했습니다. 네나나에서 출발한 지 고작 5일 만의 일이었습니다. 그 덕분에 많은 아이가 목숨을 건졌지요.
"개썰매는 우리의 자랑이야!"
알래스카 사람들은 지금도 썰매 개를 각별히 여긴다고 해요.

## 22년 만에 재회한 코끼리
# 셜리와 제니

**28**

◆ 주인공 : 셜리와 제니
　　　　　(아시아코끼리)
◆ 언제 : 2000년
◆ 어디서 : 미국

 **부모 자식 같은 두 코끼리**

　코끼리는 매우 기억력이 좋은 동물이라고 합니다. 그 사실을 증명하는 감동적인 사건이 일어났습니다.

　1970년대, 미국 텍사스 주에서는 '카슨 & 반스 서커스'의 인기가 높았습니다. '셜리'와 '제니'는 그곳에서 활약하던 코끼리였지요.
　당시 어른 코끼리였던 셜리와 달리 제니는 아직 어린 새끼였습니다. 제니를 본 셜리는 먼저 다가가서 마치 자신의 딸처럼 돌봐주고 젖을 먹였습니다.
　그날 이후 두 코끼리는 많은 인기를 얻으며 활약했어요. 텍사스 주 여기저기를 돌아다녔지요.
　그런데 1980년대가 되자 서커스의 인기가 점점 떨어졌습니다. 공연 횟수도 줄어들었어요.

 **서커스단을 떠난 셜리**

　먼저 서커스단을 떠난 것은 나이 든 셜리였어요. 셜리는 여러 시설을 떠돌다 테네시 주에 있는 테네시 코끼리 생추어리라는 코끼리 보호 시설에 들어가게 되었습니다.

제니는 서커스단에 남았지만 다리에 상처를 입어서 더 이상 공연할 수 없게 되면서 결국 보호 시설에 가게 되었어요. 그곳은 기본적으로 개와 고양이를 위한 시설로, 코끼리에게는 그다지 좋은 환경은 아니었습니다.

그 후 제니의 몸 상태가 악화되면서 테네시 코끼리 생추어리에 입소하게 되었습니다. 간신히 쾌적한 환경에서 살 수 있게 된 것이지요. 게다가 그곳에는 엄마와도 같았던 셜리가 있었습니다.

물론 단체의 직원이나 시설의 직원은 그런 둘의 과거에 대해서는 전혀 몰랐습니다.

 **기운 없던 제니, 셜리와 재회하다**

제니는 새로운 시설에서 살게 된 후에도 전혀 기운이 없었습니다. 과거의 생활이 트라우마가 된 탓이었지요. 이를 걱정한 직원이 다른 코끼리와 만날 수 있도록 도왔습니다.

그러자 셜리가 제니를 바로 알아챘습니다. 그리고 망설임 없이 제니에게 다가갔지요. 그때까지 기력 없던 제니도 셜리를 알아본 듯 제니의 코를 휘감았습니다. 둘은 조금이라도 가까이 있고 싶은 마음에 철제 울타리를 구부려 버릴 정도였어요. 무려 22년 만의 일이었습니다.

이를 지켜본 보호 시설의 책임자 캐롤은 그야말로 극적인 재회였다고 합니다.

"제니가 엄청 흥분해서 울타리를 타 넘으려고 했어요. 서로 이웃해 있는 울타리로 옮긴 뒤에야 둘 다 모두 진정되었지요. 이 둘의 유대는 몹시 강해서 모녀 관계처럼 보였어요. 이런 감동적인 장면을 목격할 수 있어서 정말 뿌듯해요."

22년 만에 재회한 다음 날, 셜리와 제니는 야외에서 함께 산책을 즐겼습니다. 서로 바짝 달라붙은 채 말이지요. 심지어 제니가 드러눕자 셜리는 선 채로 그늘을 만들어 햇빛을 가려 주었습니다.

2011년 펜실베이니아 대학의 연구팀이 논문을 발표했습니다. 인간과 마찬가지로 코끼리 역시 서로 매우 깊은 유대 관계를 형성한다는 내용이

었어요.

연구팀을 이끌었던 실버 박사는 다음과 같이 말했습니다.

"코끼리는 오랫동안 떨어져 있어도 친구를 잊지 않고, 재회하면 다시 사이좋게 지냅니다."

셜리와 제니의 유대는 모녀 관계보다 강했는지도 모릅니다.

**뭉클해서 눈물 나는 이야기**

## 29 만나자마자 친구가 되다! 수리아와 로스코

◆ 주인공 : 수리아(오랑우탄), 로스코(개)
◆ 언제 : 2006년경
◆ 어디서 : 미국

 **우울증인 오랑우탄**

인도네시아의 열대 우림에서 살던 수컷 오랑우탄 '수리아'는 새끼였을 때 슬픈 경험을 했습니다.

밀렵꾼의 손에 부모를 모두 잃고 만 것인데요, 그 일이 원인이 되었던지, 수리아는 우울증 증세를 보이기 시작했습니다. 그리고 급기야는 어느 보호 시설에 들어가게 되었습니다.

수리아는 처음에 음식을 전혀 입에 대지 않았습니다. 결국 얼마 있지 않아 수리아는 발리 섬 동물원으로 옮겨졌고 오랑우탄 무리와 함께 살게 되었어요.

하지만 수리아는 그곳에 있는 다른 오랑우탄 무리와 어울리지 못했습니다.

수리아의 상태는 좋아질 기미가 보이지 않았지요.

그러던 2006년, 수리아에게 커다란 전환점이 찾아왔습니다.

미국 사우스캐롤라이나 주 머틀 비치에 있는 '희소·멸종 위기종 동물 연구소'라는 시설로 옮기게 된 거예요.

이 시설에서 운명적인 만남이 기다리고 있다는 사실을 수리아는 아마 상상도 하지 못했을 것입니다. 수리아를 기다리고 있던 운명적인 만남은 과연 무엇이었을까요?

##  수리아에게 달려온 개

어느 날, 수리아가 있는 울타리 안으로 길 잃은 개가 들어왔습니다. 개를 본 수리아는 마치 기다렸다는 듯이 다가갔습니다.

시설의 직원은 다음과 같이 말했어요.

"그 개는 시설 입구를 왔다 갔다 하고 있었어요. 그러다 문이 열리자 곧장 수리아의 우리로 달려가는 거예요. 그러자 수리아도 개에게 다가가 놀기 시작했어요. 보통 개는 영장류를 무서워하는데……, 참 신기한 일이었어요."

직원은 주인이 있는 개가 아닐까 싶어, 여기저기 연락을 하여 주인을 찾았지만 찾지 못했습니다. 그래서 '로스코'라는 이름을 붙이고, 수리아와 함께 기르기로 했지요. 이렇듯 둘은 처음부터 사이가 무척 좋았다고 합니다.

 **신기한 콤비, 전 세계에서 인기!**

그 후 로스코와 수리아는 매일 함께 지냈어요. 잘 때도 먹을 때도 그리고 수영장에 갈 때도 늘 함께였어요.

시설의 창설자인 수의사 앤틀 박사는 다음과 같이 말했습니다.

"로스코는 수리아와 처음 만난 날, 바짝 말라 있었어요. 어쩌면 주인이 버린 것일지도 몰라요. 그런데 늘 겉돌며 우울해하던 수리아와 금방 친해져 놀더군요. 그 모습을 보고 동물 전문가인 저도 놀랐어요. 본능적으로 서로가 비슷한 처지에 있으며 친구를 찾고 있음을 알았는지도 모르겠어요."

그 뒤 몰라보게 좋아진 수리아는 영장류 보호 운동에 홍보 대사로 참가하기도 했습니다.

수리아는 매일 바쁘게 지내면서도 시간이 날 때면 언제나 로스코와 어울려 놀았어요.

수리아와 로스코는 유명해졌습니다. 미국 인기 토크쇼 「오프라 윈프리 쇼」에 출연하고 과학 저널 『내셔널지오그래픽』에도 특집 기사가 실렸어요. 그 덕분에 수리아와 로스코의 사연이 전 세계 사람들에게도 알려지게 되었습니다.

수리아와 로스코는 무엇을 하든 함께입니다. 제일 좋아하는 바나나도

꼭 나눠 먹을 정도지요.
 그리고 놀랍게도 수리아는 매일 목줄을 맨 로스코와 산책을 합니다. 로스코도 수리아가 하자는 대로 잘 따르지요.
 둘 사이에는 절대적인 신뢰 관계가 형성되어 있는 듯합니다. 첫 만남 때부터 그 관계가 시작됐는지도 몰라요.
 괴로운 일들은 이제 안녕이에요. 수리아는 로스코와 즐거운 미래를 그리고 있을 듯합니다. 로스코 역시 좋아하는 수리아와 함께여서 행복해 보입니다.

## 30. 비버 이불
### 소년의 몸을 데워 준 것은?

◆ 주인공 : 비버
◆ 언제 : 1956년 11월
◆ 어디서 : 캐나다

 **도움을 요청하러 숲에 들어간 소년**

1956년 11월의 어느 날, 캐나다 온타리오 주에 살고 있던 리얼은 부모님과 함께 캠핑을 떠났습니다. 당시 리얼과 같은 지역에 살고 있던 주민들은 종종 캠핑을 즐기곤 했어요.

리얼 가족이 도착한 캠핑지는 집으로부터 상당히 멀리 떨어진 곳이었지만, 이전에도 몇 번 가 본 적이 있기 때문에 아무도 큰 걱정을 하지 않았지요.

리얼 가족은 도착하자마자 텐트를 쳤습니다. 그리고 리얼의 부모님은 미리 준비해 온 보트를 타고 낚시를 하러 강에 갔습니다.

하지만 리얼은 부모님을 따라가지 않았어요. 얼마 뒤 일어날 끔찍한 비극을 꿈에도 모른 채로 말이지요.

리얼의 부모님이 강의 한가운데쯤 다다랐을 때, 갑자기 보트의 균형이 무너지더니 부모님이 차가운 강에 빠져 버렸습니다.

운이 나쁘게도 부모님은 구명 조끼를 착용하고 있지 않았지요. 그전에도 여러 번 간 곳이었기 때문에 방심했던 거예요.

부모님은 물에 빠져 허우적거리다가 이윽고 조금씩 강물 속으로 가라앉았습니다.

리얼은 부모님이 강에 가라앉는 모습을 어쩔 줄 모르며 지켜보았습니다. 리얼이 할 수 있었던 것은 큰 소리로 외치는 일뿐이었지요.

리얼은 "누구 없어요! 살려 주세요!"라고 있는 힘껏 소리치며 가장 가까운 마을을 찾아 내달리기 시작했습니다.

 **어두컴컴한 숲속, 추위에 떠는 밤**

리얼은 강가의 숲속을 상당히 긴 시간 계속 달렸습니다. 해가 지자 주위가 어두워졌습니다.
텐트를 친 곳으로 돌아가기도 어려웠습니다. 리얼은 홀로 숲속에서 하룻밤을 보내야 했어요.

리얼은 피로와 절망감에 휩싸여 흐느껴 울며 그 자리에 쓰러지고 말았지요.

주위는 어두컴컴해서 아무것도 보이지 않았어요. 음식도 물도 그리고 손전등도 가지고 있지 않았습니다. 기온은 점점 떨어지고, 리얼은 졸리기 시작했습니다.

그런데 잠시 후, 따뜻한 뭔가가 몸에 닿는 것이 느껴졌습니다. 그것은 푹신푹신한 털로 덮여 있었습니다. 리얼은 속으로 생각했습니다.

'개인가?'

하지만 숲속에 개가 있을 리가 없었습니다.

얼마 지나지 않아 따뜻한 부위가 늘었어요. 덕분에 추위를 견딜 만했지요. 안심하게 되자 리얼은 그대로 잠에 빠져들었습니다.

 **잠에서 깨자, 몸에 3마리의 비버가!**

눈을 뜬 것은 아침 해가 떠오를 무렵이었습니다. 일어나려고 주위를 둘러본 리얼은 매우 놀랐습니다.

3마리의 커다란 비버가 리얼의 몸을 덮고 있었던 거예요. 1마리는 가슴 부근을, 다른 1마리는 배 부분을, 나머지 1마리는 양쪽 허벅지 부분을 덮어 주고 있었습니다.

이 비버들이 없었다면 동사했을지도 몰라요. 잠에서 깨어난 비버는 리얼이 괜찮은지 확인하듯 살폈습니다. 그러고는 어딘가로 떠났지요.

일어난 리얼은 마을을 향해 달리기 시작했습니다. 리얼은 이윽고 경찰서에서 보호를 받게 되었고, 자신이 겪은 모든 사실을 털어놓았습니다.

이 이야기는 캐나다의 『센트럴 프레스』 신문에 크게 소개되었습니다.

비버 이불

  인간과의 접촉이 극히 적은 야생 비버가 이러한 행동을 하는 것은 매우 드문 일입니다.
  비버는 정말 리얼이 얼어 죽지 않도록 몸을 따뜻하게 데워 준 것일까요?
  비버가 왜 그런 행동을 했는지는 아직까지 밝혀지지 않았지만, 이 이야기는 지금도 그 지역 사람들에게 전해지고 있다고 해요.

## 31 죽음의 신호를 눈치채는 고양이
## 오스카의 신기한 힘

◆ 주인공 : 오스카(고양이)
◆ 언제 : 2007년
◆ 어디서 : 미국

 **시설에서 사는 고양이 오스카**

　동물에게는 과학으로 설명할 수 없는 신기한 감각이 있다고 합니다. 이 이야기의 주인공은 그 신기한 힘으로 많은 사람에게 사랑받은 고양이입니다.

　미국 로드아일랜드 주 프로비던스 마을에 스티어하우스 요양재활센터라는 시설이 있습니다. 많은 노인이 그 시설에 지내며 요양을 하고 있었지요.
　그곳에는 환자에게 정서적 도움을 주는 '테라피 캣'도 몇 마리 있었어요. 근처의 동물보호센터에서 데려온 고양이들이었지요.
　그중 '오스카'라는 이름의 수고양이가 있었습니다.
　이때까지 오스카에게 신기한 힘이 있다는 사실을 아무도 알지 못했습니다.
　2005년, 새끼 고양이 오스카는 3층 병동에서 하루하루를 보냈어요. 3층 병동에는 알츠하이머 파킨슨 그리고 말기 암 환자가 지내고 있었지요.
　처음 1년, 오스카는 병동에서 바쁘게 움직이는 직원들의 모습과 문병 온 사람들을 지켜보면서 한가롭게 지냈습니다.
　그러던 오스카가 달라진 것은 한 살 생일을 맞이한 뒤부터였습니다. 매일 41개의 병실을 둘러보기 시작한 거예요.

 **죽음이 임박한 사람에게 다가가는 오스카**

　처음에는 오스카의 행동에 아무도 관심을 보이지 않았습니다. 그런데 시설에서 일하던 한 직원이 오스카의 행동에 일정한 패턴이 있다는 사실을 점점 알게 돼요.

　오스카가 어느 환자의 방에 들어가 침대 위에 올라갑니다. 냄새를 맡고 오랜 시간 지켜봅니다. 그렇게 그 환자가 세상을 떠나는 순간까지 방에 남아 자리를 지켜 주는 모습을 보게 된 것이지요.

물론 우연이 겹쳤을 가능성도 있었습니다. 직원은 실험을 해 보기로 했습니다.

날로 병환이 깊어져 죽음이 임박해 보이는 환자의 방에 오스카를 들여보내 본 거예요. 하지만 오스카는 그 방에 머물지 않고 곧바로 다른 방으로 들어갔어요.

그런데 이번에도 오스카가 정확했어요. 오스카가 들어간 방의 환자가 그날 밤 세상을 떠나고 말았거든요. 직원이 들여보낸 방의 환자는 이틀 뒤 하늘나라로 갔습니다.

 **사랑하는 사람과의 이별 시간**

오스카의 힘을 믿는 사람들 중에는 의학전문가도 있습니다. 브라운 대

학 의학부의 노인병 전문가인 데이비드 도사 박사도 그중 한 명이에요. 데이비드 박사는 한 의학 전문지에 오스카의 힘에 관한 논문을 발표했습니다.

또 2010년에는 『고양이 오스카 - 어느 평범한 고양이의 아주 특별한 능력』이라는 책을 써서 화제가 되었어요.

병원 직원과 환자, 그리고 환자의 가족에게 오스카의 능력은 매우 소중하게 여겨졌어요.

죽음을 앞둔 가족에게 즉시 연락하여 이별의 시간을 충분히 가질 수 있게 해 주기 때문이에요.

데이비드 박사는 이렇게 말했습니다.

"오스카의 예상이 빗나간 적은 거의 없었어요. 마지막 순간이 임박한 것을 알아차리는 능력을 가지고 있는 거지요. 환자의 가족도 그런 오스카에게 많은 위로를 받고 있어요. 사랑하는 사람의 마지막 순간을 함께 지켜봐 주는 테라피 캣은 그리 많지 않을 테니까요."

타고난 재능을 살려 일하는 오스카에게 많은 사람이 고마워하고 있습니다.

**뭉클해서 눈물 나는 이야기**

## 32. 영화처럼 바다로 돌려보내자! 범고래 게이코

◆ 주인공 : 게이코(범고래)
◆ 언제 : 2002년 7월
◆ 어디서 : 아이슬란드

 **영화에 출연한 범고래 게이코**

범고래는 돌고래와 같은 고래류 해양 생물입니다. 학습 능력이 뛰어나다고 알려져 있지요.

1993년, 미국에서 범고래를 주인공으로 한 영화 「프리 윌리」가 만들어졌습니다. 가족과 떨어져 수족관에서 쓸쓸하게 지내고 있던 범고래 윌리가 소년 제시의 활약으로 가족이 기다리는 바다로 돌아가는 이야기입니다.

이 영화에서 윌리 역을 연기한 것이 바로 범고래 '게이코'였습니다. 게이코는 대체 어떤 범고래였을까요?

 **밝혀진 게이코의 사정**

1979년 11월, 아이슬란드에서 범고래 새끼 하나가 무리에서 떨어져 나왔습니다. 그 순간 인간에게 붙잡히고 말았지요. 그 수컷 범고래가 바로 게이코입니다. 게이코는 수족관에 팔려 갔어요. 그곳에서 쇼를 위해 점프와 잠수 등의 묘기를 배웠지요. 3년 후에는 캐나다 수족관에 팔렸습니다. 이 무렵부터 게이코의 몸에 피부병이 생기기 시작했습니다.

그리고 3년 후, 게이코는 멕시코 유원지로 다시 팔려 갔습니다. 멕시

## 범고래 게이코 32

코는 게이코가 태어난 고향인 아이슬란드에 비해 상당히 따뜻한 나라예요. 더군다나 유원지의 수조는 매우 좁고 수질도 좋지 않았어요. 게이코의 피부병은 점점 악화되어 가슴지느러미와 꼬리지느러미에 부스럼 덩어리가 생겼습니다.

그런 상황에서 게이코는 우연히 미국 영화사의 주목을 받아 「프리 윌리」의 주연을 맡게 되었습니다.

영화는 크게 히트 쳤어요. 이와 함께 게이코에 대한 관심이 커졌지요. 매스컴은 게이코를 궁금해하는 사람들을 위해 게이코의 성장 과정과 현재 상황을 전했습니다.

그러자 전 세계 어린이들로부터 커다란 반향이 일어났습니다.
"윌리처럼 게이코도 바다로 돌려보내 주세요!"

그리고 다음 해 11월, 많은 사람이 보내 준 모금과 기부금으로 '프리 윌리 재단'이 설립되었어요. 마침내 게이코를 바다로 돌려보내기 위한 활동이 시작되었습니다.

 **바다로 여행을 떠난 게이코의 슬픈 결말**

멕시코 유원지는 게이코를 재단에 무상 기증했어요. 재단은 게이코를 시설이 훨씬 좋은 미국 수족관에 보내기로 결정했습니다. 미국 수족관에는 게이코를 위해 전용 풀이 빠른 속도로 만들어졌지요. 바닷물을 직

접 퍼 올려 만든 풀이었어요. 게이코가 쾌적하게 지낼 수 있도록 온도 조절까지 가능한 널찍한 풀이었지요.

1996년 1월, 미국 수족관으로 옮겨지자, 게이코의 피부병은 순식간에 나았습니다. 그 뒤 게이코는 쇼로 혹사된 몸을 쉬면서 야생으로 돌아갈 훈련에 매진했습니다. 빠른 속도로 수영하기, 살아 있는 물고기 잡아먹기 등의 연습을 했어요.

훈련을 마친 게이코는 1998년 9월, 태어난 고향 아이슬란드로 옮겨졌습니다. 그곳에서 만 한가운데 그물로 테두리를 만들어 놓고 마지막 훈련을 받았습니다.

그리고 2002년 7월, 게이코는 그물 울타리를 벗어났습니다. 야생 범고래 무리에 합류하여 마침내 넓은 바다로 여행을 떠났습니다. 그런데…….

그러고 나서 2개월 후, 게이코는 노르웨이의 한 해안에서 홀로 있는 모습으로 발견되었어요. 심지어 먹이를 달라고 조르는 것인지, 구경하는 사람들에게 묘기를 보여 줬다고 합니다.

그 후 게이코는 노르웨이 만에서 살았습니다. 두 번 다시 먼 바다로는 나가려 하지 않았어요. 그러다 2003년 12월에 급성 폐렴으로 죽고 말았어요. 야생 복귀 작전은 안타깝게도 실패로 끝난 거지요. 그러자 전문가를 비롯한 여러 사람들이 이렇게 말했습니다.

"인간이 길렀던 범고래가 야생으로 돌아갈 수 있을 리가 없어요. 미국 수족관에 있는 편이 게이코는 행복했을 거예요."

과연 어디에서 사는 것이 게이코에게 가장 행복했을까요?

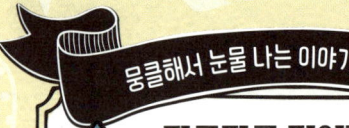

## 뭉클해서 눈물 나는 이야기

### 33 따로따로 떨어진 친구
### 염소 친구는 당나귀

- 주인공 : 미스터 G(염소) 젤리 빈(당나귀)
- 언제 : 2014년
- 어디서 : 미국

 **보호된 기운 없는 염소**

'베스트 프렌드'라는 말을 알고 있나요? 가장 친한 친구, 언제나 함께하고 싶은 친구를 의미해요.

베스트 프렌드는 사람 사이에만 있는 것은 아니고, 이따금 사람과 동물 사이, 심지어 동물들 사이에서도 발견할 수 있습니다.

서로가 서로에게 둘도 없는 베스트 프렌드가 되어 준 이야기의 주인공은 '미스터 G'라는 이름의 염소와 '젤리 빈'이라는 이름의 당나귀입니다.

미국 캘리포니아 주 그래스밸리 마을에는 '애니멀 플레이스'라는 동물 보호시설이 있어요. 여러 사연을 가진 동물을 보호해 주는 시설이지요.

2014년 5월, 전 주인에게 학대받던 염소 '미스터 G'가 보호되었습니다.

그런데 미스터 G는 도무지 우리에서 나오려고 하지 않았어요. 먹이도 전혀 먹지 않았지요.

시설의 직원은 매우 걱정이 되었습니다. 어디 아픈 곳이 있나 싶어 건강 검진을 했지만 특별히 안 좋은 곳은 없었습니다.

학대받았다는 사실을 알고 있던 직원은 병에 걸린 것이 아닌가 걱정했지만 그것도 아니었습니다.

나중에 밝혀진 사실에 따르면 미스터 G가 그토록 우울했던 이유는 따로 있었어요. 다만 당시에는 그 이유를 누구도 알 수 없었어요.

 계속 함께였던 젤리 빈

 기록을 조사하니 애니멀 플레이스에 오기 전에 미스터 G는 젤리 빈이라는 당나귀와 지냈어요. 무려 10년 동안이나 말이에요. 그런데 이 시설에 보호되면서 서로 떨어지게 된 것입니다. 아마도 둘은 서로를 의지하며 전 주인의 학대를 견딘 듯했습니다.
 애니멀 플레이스의 직원은 이것이 원인임을 알았지요. 그리고 자신들이 해야 할 일을 깨달았습니다.
 그 즉시 젤리 빈을 보호하고 있는 시설을 찾아 연락을 했습니다. 젤리 빈 역시 매일 축 늘어져 있다는 사실을 알게 되었습니다. 둘 다 좋아하는 친구와 따로 떨어져 살게 되어 기운을 잃었던 것이지요.

애니멀 플레이스의 직원은 젤리 빈을 데려올 수 있도록 요청했습니다.

 **드디어 왔다! 친구와 재회하는 날**

젤리 빈과 다시 만나는 날, 미스터 G는 아침부터 안절부절못했습니다. 동물에게는 과학으로는 설명할 수 없는 힘이 있는 것 같습니다. 이날은

미스터 G가 신기하게도 아침도 잘 먹고, 목욕도 했거든요.

오랜만에 만나는 친구에게 건강한 모습을 보여 주고 싶었던 것일까요. 마침내 미스터 G는 젤리 빈이 탄 트럭이 다가오는 것을 보았어요. 그 순간 미스터 G는 울타리에서 뛰쳐나올 기세로 거세게 점프하기 시작했습니다.

종은 달라도 서로 애틋한 마음이 생기고 그 마음을 주고받을 수 있는 모양입니다.

어느 날 갑자기 친한 친구와 멀어져 우울해지는 것은 이상한 일이 아닙니다. 인간과 마찬가지로 동물도 누군가를 소중히 여기고, 사랑합니다. 또 함께하고 싶다는 마음은 다르지 않을 거예요.

모두의 예상대로, 같이 지내게 되면서 미스터 G와 젤리 빈은 점점 건강해졌습니다. 감동적인 재회의 모습을 담은 동영상이 유튜브에 공개되기도 했어요. 그 영상은 순식간에 300만 회 이상 재생되며 화제가 되었지요. 두 친구가 우정을 나누는 모습은 애니멀 플레이스 홈페이지와 페이스북에서도 볼 수 있다고 하네요.

뭉클해서 눈물 나는 이야기

## 34 강에 떨어진 청년을 구한 것은?
## 다리 밑의 바다사자

◆ 주인공 : 바다사자
◆ 언제 : 2000년 9월
◆ 어디서 : 미국

 **병과 싸우는 한 청년**

　매우 슬픈 일이지만, 자신의 목숨을 끊으려는 사람이 있었습니다. 그런데 상상도 못한 존재가 그를 살렸습니다.

　2000년 9월 25일, 이날은 케빈 하인즈에게 평생 잊을 수 없는 날이 되었습니다.
　당시 21세였던 케빈은 정신적인 병으로 괴로운 나날을 보내고 있었어요. 뭔가 하려고 해도 몸이 움직이지 않았어요. 아침에 침대에서 일어나는 것조차 힘들었지요.
　케빈은 이렇게 힘들게 살 바에 그만 살고 싶다고 생각했습니다.
　물론 이런 생각을 하면 안 된다는 걸 잘 알고 있었어요. 하지만 케빈은 살아가는 게 고통일 뿐이었습니다.
　시간이 흘러 마침내 운명의 날이 찾아왔습니다.

 **갑자기 엄습한 병, 다리에서 뛰어내리다**

　그날, 케빈은 평소와 달리 상태가 좋아 오래간만에 집을 나와 금문교까지 산책을 나갔습니다.

그런데 느닷없이 병이 발작하여 이유 없이 다리에서 뛰어내리고 싶어진 거예요. 머릿속 한편에서는 이러면 안 된다는 생각을 했지만, 몸이 먼저 움직이고 말았습니다.

케빈은 난간을 넘어, 바다를 향해 몸을 날렸습니다.

어느 정도 시간이 흘렀을까요. 등이 심하게 아파 눈을 뜨자 금문교 바닥이 보였습니다.

'살아 있는 건가……?'

몸을 움직이려고 했지만 꼼짝할 수가 없었어요. 비록 등에 큰 상처를 입긴 했지만 케빈은 살아 있었습니다.

 **목숨을 구해 준 것은 다리 밑에 사는 바다사자**

 케빈은 그대로 바다에 떠 있었어요. 그런데 뭔가가 다리에 닿는 거예요. 케빈은 다음과 같이 말했습니다.
 "바다에 떨어진 순간을 기억해요. 모든 것이 끝났다고 생각했는데 커다란 생물이 다가왔어요. 그때 저는 상어에게 잡아먹히는 줄 알았어요."
 하지만 그것은 상어가 아니었습니다.
 "다가온 것은 커다란 바다사자였어요. 다리에는 많은 사람이 모여서 커다란 소리로 외치고 있었어요. 바다사자는 제 몸을 아래서 떠받쳐 물에 빠지지 않게 해 주었지요."

케빈의 몸을 떠받치면서 헤엄치는 바다사자의 모습은 다리 위에서도 보였다고 합니다.

 **우연의 연속, 기적의 구출!**

케빈은 목숨을 건질 수 있었던 데는 또 다른 이유가 있습니다.

우연히 차를 타고 지나가던 여성이 다리에서 몸을 던지는 케빈을 본 것이지요. 그 즉시 아는 연안 경비 대원에게 연락을 취했습니다. 그 덕분에 재빨리 구출할 수 있었어요.

바다사자는 연안 경비대의 순찰 보트가 도착할 때까지 케빈의 주위를 계속 맴돌았어요. 그러다 케빈의 몸이 가라앉을 것 같으면 잠수하여 밀어 올려 주었습니다.

바다사자는 케빈을 살리기 위해 열심히 도와주었지요. 그 모습을 본 케빈은 자신의 어리석음을 깨닫고 진심으로 살고 싶다고 생각했답니다.

케빈은 지금 세계 각지를 돌아다니며 자신의 체험을 알리는 활동을 하고 있습니다. 지금도 그 바다사자에게 진심으로 감사하고 있다고 합니다.

## 35. 새끼 때 길렀던 고릴라와의 우정
### 다시 만난 크위비

◆ 주인공 : 크위비(고릴라)
◆ 언제 : 2000년대
◆ 어디서 : 가봉

 **아스피널이 기른 고릴라**

아스피널 재단은 아프리카에 사는 고릴라를 보호하는 활동을 합니다. 창설자인 데미안 아스피널은 영국 출신의 귀족이자 사업가로도 유명한데요, 그런 아스피널에게 잊을 수 없는 고릴라가 있습니다.

바로 '크위비'라는 이름의 고릴라입니다. 아스피널 재단 소유의 런던 남부 하울렛 동물원에 있던 고릴라지요.

아스피널은 크위비가 태어났을 때부터 잠시도 떨어지지 않고 돌봤어요. 그러다 크위비가 다섯 살이 됐을 때, 아프리카 중부에 있는 가봉의 정글로 돌려보냈습니다.

그로부터 5년이 지났습니다. 아스피널은 크위비가 야생에서 잘 지내고 있는지 걱정이 되었어요. 결국 크위비를 만나러 가봉의 정글로 향했습니다.

 **크위비와 5년 만의 재회**

"크위비, 이리 와!"

아스피널은 커다란 소리로 불렀습니다. 그 소리에 반응하여 크위비가 모습을 드러냈습니다.

아스피널은 보트에서 뛰어내려 강기슭을 달려갔습니다.

아스피널을 알아본 크위비도 달려왔습니다. 그리고 아스피널을 부드럽게 껴안았습니다.

냄새를 맡고, 얼굴에 코를 비볐다가 다시 한 번 꼭 껴안았습니다.

아스피널은 나뭇잎을 씹어 부드럽게 만든 뒤 크위비에게 주었지요. 그러자 크위비는 기분 좋은 듯 가르릉대면서 그것을 받아 입에 넣었습니다. 신뢰가 없으면 할 수 없는 행동이에요. 크위비는 어린 시절 매일 돌봐 준 아스피널을 잊지 않고 있었던 거예요.

**마치 옛날처럼 같이 자다**

재회의 인사가 한차례 끝나자, 크위비는 아스피널을 자신의 동료들에게 소개했습니다.

처음에는 모두 멀찍이 떨어져 있었어요. 그런데 크위비가 친숙하게 대하는 모습을 보고 조금씩 다가왔습니다.

어느덧 해가 지기 시작했습니다. 아스피널은 캠프로 돌아가기 위해 크위비에게 이별을 고했습니다.

그런데 아스피널이 보트에 타자 크위비가 뒤쫓아 왔습니다.

결국 그날 크위비는 베이스 캠프에 있는 아스피널의 텐트 옆에서 잠이 들었습니다. 야생 고릴라, 특히 무리의 리더인 수컷 고릴라에게는 상상도 할 수 없는 행동이에요.

아직 있어.

아침이 되어도 크위비는 그 자리에 있었습니다.

 **변함없는 둘의 우정**

처음에는 크위비가 아스피널을 기억할지 확신이 없었어요. 기억한다 해도 자신의 영역 안으로 들어오게 할지는 알 수 없었어요.

"100퍼센트 자신이 있었냐고 하면, 결코 그렇지 않았어요. 이제 야생 고릴라니까요."

아스피널은 말했습니다.

"하지만 마음속으로는 아무 문제가 없을 거라는 걸 알고 있었어요. 크위비가 그르렁댈 때는 매우 기뻤어요. 그런 소리를 내는 건 상대에게 깊은 애정을 보이고 싶을 때니까요. 그 순간 모든 것이 멈춘 듯한 기분이 들었어요. 바람에 날리는 나뭇잎 소리도, 강물이 졸졸 흐르는 소리도……. 이 세상에 저와 크위비만 있는 듯했어요. 저를 똑바로 응시하는 크위비의 눈에는 깊은 애정이 담겨 있었지요."

아스피널과 크위비의 재회는 모두 영상으로 기록되었어요. 그 영상이 유튜브에 올라가며 전 세계에서 화제가 되었습니다.

뭉클해서 눈물 나는 이야기

### 36 자는 시간도 아껴 돌보다! 하늘다람쥐 비스킷

- 주인공 : 비스킷 (미국하늘다람쥐)
- 언제 : 2013년
- 어디서 : 미국

 **보도에 쓰러진 작은 생물**

순전히 우연히 만난 동물과 깊은 교감을 나누는 사이가 될 수 있을까요? 그런 일이 여기 일어났습니다.

제프 룽고는 미국 플로리다 주 덴버에 살고 있습니다.
2013년 어느 날, 제프는 집 근처의 보도에서 옴짝달싹못하는 작은 생물을 발견했어요. 뜨겁게 내리쬐는 햇빛을 그대로 온몸에 받고 있었지요.
'쥐인가?'
당시에 제프는 동물에 대해 잘 알지 못했습니다. 그래서 처음에는 땅에 있는 작은 생명체가 그저 쥐일 거라고 어림잡아 짐작했다고 합니다.
다만 목숨이 위험해 보인다는 것만은 바로 알 수 있었다고 해요.
'어미를 놓친 건가?'
그렇게 생각한 제프는 우선 그 동물을 조심스럽게 들어올린 후 집으로 데리고 갔습니다.
제프는 그 당시를 이렇게 회상했어요.
"거의 죽어 가고 있었어요. 뜨거운 햇빛을 받으며 보도에 쓰러져 축 늘어져 있었지요. 어떤 동물인지, 어떻게 치료하면 좋을지도 몰랐어요. SNS에 영상을 올렸더니 순식간에 수많은 조언을 얻을 수 있었어요. 죽도록 내버려 둘 수 없었어요. 그래서 모든 조언을 시험해 봤지요."

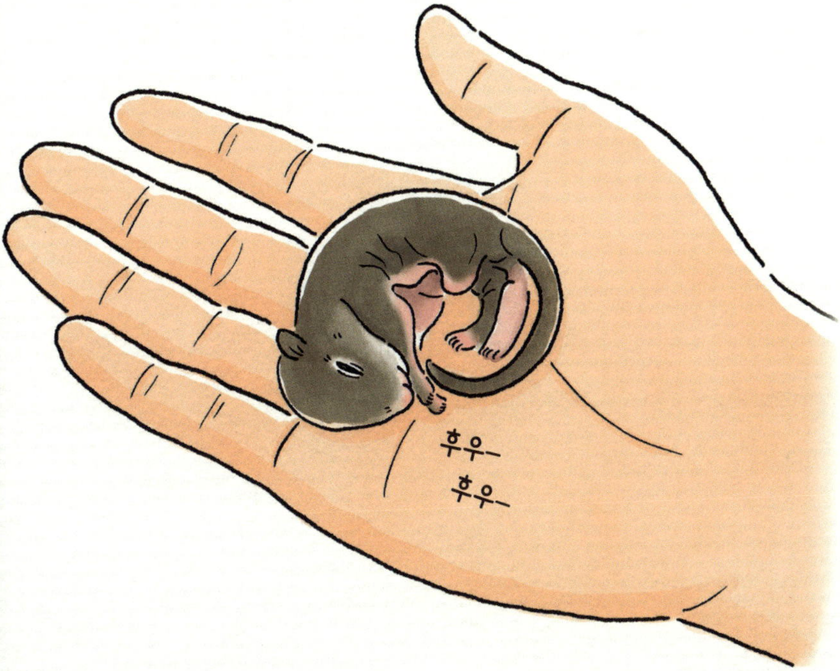

하늘다람쥐 비스킷 36

후우~
후우~

 **하늘다람쥐를 구하고 싶은 제프의 간병**

  그 정체불명의 생물이 하늘다람쥐의 새끼인 것을 안 것은 그날로부터 조금 지나서였습니다. 동시에 사람이 키우기에는 조금 어려운 동물이라는 것도 알았지요.
  제프는 온갖 자료를 찾아가며 하늘다람쥐에 대해서 공부했습니다. '비스킷'이라는 이름을 붙이고 자는 시간도 아껴 가며 돌보았지요.
  2달 동안 매일 직장에도 데리고 다녔습니다. 크림에 강아지용 가루 분유를 섞어 몇 번에 나눠서 먹였습니다.
  "하늘다람쥐를 어떻게 길러?"

초반에는 부정적으로 말하는 사람들뿐이었어요.

 **건강해진 비스킷, 가족의 일원으로!**

그리고 3개월 후 제프는 모두가 틀렸다는 사실을 증명해 보였습니다. 지극정성으로 간호한 덕분에 비스킷은 아주 건강해졌어요. 그리고 제프의 새로운 가족이 되었어요.

"전용 케이지가 있어요. 낮에는 거기서 자지만, 밤이 되면 집 안을 자유롭게 날아다녀요. 몹시 사람을 잘 따르고 다른 동물도 무서워하지 않아요."

제프가 기르고 있는 개들도 비스킷을 아주 좋아했습니다.

"무심코 밟거나 하면 큰일이니까, 개들도 조심하는 것 같아요. 게다가 비스킷은 집 안에서도 자주 행방불명이 돼요. 날기 시작했을 무렵 모습이 안 보인다 싶더니 욕조에서 허우적거리고 있었던 적도 있어요."

 **집 안을 날아다녀 개도 깜짝!**

하늘다람쥐는 나무 위에서 사는 야행성 동물입니다.

인간과 함께하는 환경에서는 야생에서 살 때와는 다른 요소가 많기 때문에 아마도 비스킷이 참아야 할 일이 많이 있겠지요.

다만 비스킷은 매일 즐겁게 지내고 있는 것 같습니다.

"저를 나무라고 생각하는 것 같아요. 텔레비전이나 소파에 날아올랐다가 내려오는 놀이가 좋은가 봐요. 기쁜 듯한 소리를 내거든요. 그 모습이 너무너무 귀여워요."

완전히 자란 비스킷은 전보다 활동이 넘칩니다.

제프만이 아니라 엎드려 누워 있는 개들 사이를 날아다니다가 싫증이 나면 테이블 위에서 미니어처 스케이트보드를 타고 논다고 합니다.

한번 떠올려 보세요. 상상만으로도 즐겁고 몹시 귀여운 광경이지 않나요?

## 뭉클해서 눈물 나는 이야기

# 37 다리가 부러진 기린을 살려라! 의족을 한 태양

◆ 주인공 : 태양(기린)
◆ 언제 : 2002년
◆ 어디서 : 일본 아키타 현

 **서지 못하게 된 새끼 기린**

쨍쨍 햇볕이 내리쬐는 2001년 8월의 맑은 날 아침, 일본 아키타 현의 오모리야마 동물원에서 새끼 기린 1마리가 태어났습니다.
"건강해 보이네."
사육사들이 지켜보는 가운데, 새끼 기린이 우뚝 섰습니다. 새끼 기린은 태어난 지 불과 4일 만에 운동장에 놀러 나갔습니다. 이름은 '태양'입니다. 사람을 잘 따르고 온순합니다. 순식간에 아이들에게 큰 인기를 끌었어요.
그런데 2002년 3월의 일요일, 사건이 일어났습니다. 운동장에서 태양이 다른 동물들과 한가롭게 지내고 있을 때의 일이었습니다.
와장창!
갑자기 커다란 소리에 놀란 얼룩말이 흥분하여 달리기 시작했습니다.
"앗, 위험해!"
태양이 있는 곳으로 돌진했어요.
쿵! 뚝!
둘이 서로 부딪치며 태양이 쓰러졌습니다.
"큰일이다! 누구 없어요?"
자리에서 일어선 태양은 세 다리로 섰습니다. 오른쪽 앞다리를 다친 듯했어요. 기린은 하나라도 다리를 못 쓰게 되면, 오랫동안 설 수 없어서

죽고 맙니다. 매우 위험한 상태였지요. 사육사들은 서둘러 태양을 실내로 이동시켰어요.

"다리가 부러졌어."

수의사인 고마쓰 원장이 말했습니다.

"응급 수술이야! 엑스레이 준비해!"

오후 3시, 상처를 꿰매고 깁스로 고정하는 수술이 2시간에 걸쳐 행해졌습니다.

"좋아. 그럭저럭 성공이야."

　식욕도 있고, 둘째 날에는 앉았다 설 수 있을 정도로 회복했어요. 그런데 3주 정도 지나자, 다시 다친 다리를 쓸 수 없게 되었습니다. 부러진 다리는 계속 악화되어 여름이 다가오자 상처 부분이 썩기 시작했습니다.
　"이대로 그냥 두면 죽게 돼."
　원장은 고민하다가 결단을 내렸습니다.
　"다리를 자를 수밖에 없어. 의족을 만들자!"
　5월 14일, 수술이 행해졌습니다. 원장과 수의사, 사육사 모두 머리를 모아 의족의 재료를 고민했습니다. 그 결과 직경 10cm의 대나무 줄기에 장화의 밑창을 붙여 만들기로 했지요.
　"태양의 힘을 믿고 싶어."

6시간의 대수술은 모두의 바람을 담아 진행됐어요.

"수술, 대성공이다!"

수술 후 태양은 다리를 질질 끌면서도 기운차게 먹이를 먹었어요. 그리고 얼마 지나지 않아 운동장에 나갈 수 있을 정도로 좋아졌습니다.

 **끝까지 싸운 태양의 마지막**

태양의 사연은 전국에 퍼졌습니다.

"아직 어린 새끼인데, 대단해. 힘내!"

"많이 먹고 나아라."

이런 격려의 편지도 도착했고, 동물원에 응원하러 오는 사람도 늘었습니다.

"태양아, 상처 따위에 지지 마!"

원장을 비롯한 관계자들은 가슴이 뜨거워졌습니다.

"작은 생명이 이렇게 많은 사람의 마음을 울리다니. 우리도 힘내자."

그런데 며칠이 지나자 의족이 어긋나 걸을 수 없게 됐습니다. 어쩔 수 없이 6월 18일, 의족 교체 수술을 하게 되었습니다.

마취에서 깨자, 태양은 사람들 앞에 서 보였어요.

"오, 섰다! 태양아, 힘내!"

하지만 그것이 마지막 힘이었습니다. 3개월 동안 상처와 싸운 태양은 얼마 지나지 않아 쓰러져 영원히 눈을 감았습니다.

"생명의 소중함을 가르쳐 줘서 고마워."

불과 10개월의 생이었어요. 하지만 한 새끼 기린이 필사적으로 살기 위해 싸운 모습은 지금도 사람들의 마음속에 깊이 새겨져 있습니다.

## 38 상어로부터 가족을 지켜 주다
# 돌고래 울타리

◆ 주인공 : 큰돌고래
◆ 언제 : 2004년 10월 30일
◆ 어디서 : 뉴질랜드

 **딸들과 함께한 즐거운 해수욕**

　돌고래는 매우 머리가 좋은 동물이라고 알려져 있습니다. 위험을 감지하고 자신을 지키는 힘이 있다고 해요. 그런 돌고래의 영리함과 상냥함, 그리고 용감함이 유감없이 발휘된 사건이 있습니다.

　2004년 10월 30일, 뉴질랜드 북섬 황거레이라는 마을에서의 일입니다. 인명 구조 요원인 롭 하웨스는 딸 니키와 딸의 친구 카리나, 헬렌을 데리고 해변에 수영하러 갔습니다.
　해변에서 100m 정도 떨어진 곳에서 수영을 하고 있을 때였어요. 어디선가 큰돌고래가 모여 들었습니다.
　이 근처 바다에서는 돌고래와 함께 수영하는 일이 드물지 않았어요. 매일 바다에 있는 하웨스에게는 오히려 익숙한 광경이었지요.
　하지만 이날은 돌고래들의 움직임이 조금 달랐습니다. 7마리의 돌고래가 엄청난 기세로 다가왔고, 바로 눈앞에서 점프하는 녀석도 있었어요.

 **돌고래에게 둘러싸인 4명, 그 앞에 보인 것은……**

　당시 니키와 카리나는 조금 떨어진 곳에서 수영하고 있었습니다.

돌고래들은 하웨스와 헬렌을 그들 옆으로 이끄는 것처럼 느껴졌어요. 하웨스는 우선 돌고래를 따르기로 했어요.

4명이 한곳에 모이자 돌고래들이 빙빙 원을 그리며 주위를 헤엄치기 시작했습니다.

처음에는 돌고래들의 행동이 신기했어요. 약간 의아스럽기도 했지만 그들은 한동안 돌고래 무리에 둘러싸인 채 수영을 즐겼습니다.

그런데 하웨스가 원에서 벗어나려고 하면 몸집이 커다란 돌고래 2마리가 다가왔어요. 그러고는 하웨스를 부드럽게 밀어서 원 안으로 돌려보내는 거예요.

원 밖으로 나가려고 하면 계속 같은 일이 반복됐습니다.

하웨스는 문득 자신들을 빙 둘러싼 돌고래 무리의 건너편을 바라보았습니다.

그리고 고작 몇 미터 떨어진 바다 위에 불쑥 솟아 있는 커다란 등지느러미를 보았어요. 등지느러미의 정체는 바로 커다란 상어였어요!

돌고래는 하웨스 일행을 지키기라도 하듯, 한데 모여 하웨스 일행 주위를 빙 둘러싸고 있었던 것입니다. 상어가 하웨스 일행 주위로 오지 못하게 말이죠.

상어는 3m 정도의 크기로 보였습니다. 만약 돌고래가 없었다면 하웨스 일행은 패닉 상태에 빠졌을 거예요. 혹시라도 상어에게 습격을 당했더라면 목숨을 잃었을지도 몰라요.

돌고래들은 그 후로도 계속 자리를 지키며 헤엄쳤습니다.

 **4명을 끝까지 지킨 7마리의 돌고래**

그렇게 40분 정도 흘렀을 때였어요. 마침 그때 보트로 순찰을 하고 있던 인명 구조 요원 플리트가 현장 근처를 지나갔습니다.

플리트는 원형으로 헤엄치는 돌고래 무리를 발견하고 신기하게 여기며 유심히 바라봤습니다.

신기한 돌고래들의 모습을 좀 더 자세히 보기 위해 다가가다 그 안에 있는 4명의 사람을 발견했어요.

물론 바로 옆에 상어가 있다는 사실도 알았습니다.

보트 소리에 놀랐는지 상어는 헤엄쳐 가 버렸습니다. 그러자 돌고래들도 하나둘씩 자리를 떠났다고 합니다.

'오르카 리서치 기금'이라는 연구소의 해양 생태학자인 잉그리트 뷔서

돌고래 울타리 38

박사에 따르면 돌고래가 인간을 구한 사례는 과거에도 여러 차례 보고되었다고 해요.
 돌고래들은 정말 상어의 습격으로부터 사람들을 지키려고 한 것일까요?
 이유는 정확히 알 수 없지만, 정말 신비로운 일입니다.

## 뭉클해서 눈물 나는 이야기

### 39 매년 새끼가 찾아오는 집
### 부엉이와 할머니

◆ 주인공 : 부엉이
◆ 언제 : 1991년부터 매년
◆ 어디서 : 일본 히로시마 현

 **부엌에 떨어진 새끼 부엉이**

"삐악삐악, 빡빡……."
집 안에서 새 지저귀는 소리가 들립니다.
"어머! 정말 작은 손님이 왔네!"
눈앞에 갑자기 나타난 것은 막 태어난 새끼 부엉이였어요.

미나마 도요코가 사는 이곳은 일본 히로시마 현 진세키 군이라는 지역입니다. 도요코는 그곳에서도 산속 외딴집에서 혼자 살고 있었어요. 남편은 오래전 세상을 떠났고, 딸은 결혼하여 따로 살았거든요.
'얘기할 사람도 없고, 쓸쓸해…….'
그런 생각을 하던 늦겨울의 일입니다.
"부엉부엉."
"뭐지? 들어 본 적 없는 소리인데."
신기한 듯 올려다보니, 지붕 밑에 부엉이가 있었습니다.
따뜻해 보이는 도요코의 집을 발견한 부엉이 부부가 지붕 밑에 둥지를 튼 거예요. 부엉이 부부는 알을 낳아 품고 있었어요.
그리고 나서 며칠 후 삐악삐악 소리가 들렸습니다.
여느 때처럼 식사 준비를 하다가 도요코는 부엌 근처에서 웅크리고 앉아 있는 새끼 부엉이를 발견했습니다.

124

"어머! 분명 저 부엉이의 새끼야!"

도요코는 즉시 다가가 손에 올렸습니다.

새끼는 아직 설 수도 없었어요.

"가엽게도 둥지에서 떨어졌구나."

지붕 밑에 있는 둥지는 높아서 손이 닿지 않았어요. 한참 고민하던 도요코는 결심했습니다.

"좋아! 이 아이를 기르자!"

부엉이는 육식 조류예요. 도요코는 닭 가슴살을 사서 작게 잘라, 새끼에게 주었습니다. 새끼 부엉이는 처음에는 깜짝 놀란 듯했지만 곧 도요코의 마음을 알았는지 받아먹기 시작했어요.

"다행이야! 많이 먹어!"

부모 부엉이는 지붕 밑에서 이 모습을 지켜보았어요. 그리고 시간이 지나자 새끼를 남겨 둔 채 산으로 돌아갔습니다.

"천국에 있는 남편이 나를 위해서 이 아이를 보내 주었는지도 몰라. 이름은…… 그래, 삐약이가 좋겠어! 잘 돌봐야지."

 **매년 새끼가 찾아오는 새끼 키우기 달인!**

2주일이 지났어요. 도요코의 따뜻한 보살핌을 받은 새끼는 어엿하게 자신의 발로 설 수 있게 되었습니다.

> 너무 행복해. 고마워.

'언제까지고 이렇게 같이 살 수는 없어. 야생 새는 자연에서 사는 게 행복할 테니까…….'

밤이 되자, 부엉이 1마리가 나타났습니다. 새끼가 보금자리를 떠날 때가 되자, 어미 새가 새끼를 보러 온 것입니다.

"삐약이는 훌륭하게 자랐어."

그렇게 말하며 도요코는 새끼를 밖에 내놓았습니다. 그러자 새끼는 펄럭펄럭 힘껏 날갯짓을 하여 어미에게 다가갔어요. 어미와 새끼는 그대로 어스레한 깊은 산속으로 사라져 갔습니다.

그런데 다음 해 겨울, 또 같은 곳에 다른 부엉이 부부가 둥지를 틀었습니다. 그리고 봄, 또 부엌 근처에 새끼 1마리가 떨어져 있었습니다.

"어머! 삐약아?"

물론 삐약이는 아니었습니다. 다른 새끼가 또 떨어져 있는 거였지요. 도요코는 이번에도 정성껏 키웠습니다. 그러자 다음 해도, 그 다음 해에도 지붕 밑에 부엉이가 둥지를 틀었어요. 그리고 새끼가 찾아왔지요.

어떤 해는 한 마리, 어떤 해는 서너 마리가 찾아왔습니다. 이 이야기는 뉴스가 되어, 전국에 퍼졌습니다.

"도요코는 새끼 키우기의 달인이에요!"

이 모습을 보려고 전국에서 수많은 사람이 도요코의 집을 찾아왔습니다. 이에 도요코는 많이 놀랐습니다.

"이제 난 외톨이가 아니야. 삐약아……, 행복을 줘서 고마워."

"부엉부엉."

초봄, 부엉이 소리가 산에 메아리칠 무렵, 도요코의 새끼 돌보기가 또 시작됩니다.

뭉클해서 눈물 나는 이야기

**40** 아이들의 마음이 전해졌다!
**코끼리가 왔다!**

◆ 주인공 : 인디라
　　　　　(아시아코끼리)
◆ 언제 : 1949년
◆ 어디서 : 일본

 **코끼리를 보고 싶어! 아이들의 바람**

　1945년, 전쟁이 막 끝난 시절의 일입니다. 일본에 이와타 게이코라는 네 살짜리 어린아이가 있었습니다.
　게이코의 집 근처에는 우에노 동물원이 있었어요. 하지만 그곳에는 맹수나 커다란 동물은 없었습니다.
　왜냐하면 전쟁이 점점 더 격렬해지던 1943년, 동물들이 달아나기라도 하면 위험하다는 이유로 사육장에 있던 동물들을 모조리 굶어 죽게 했기 때문입니다.
　한편, 전쟁에 진 일본은 가난했고, 먹고살기도 어려웠어요.
　책도 제대로 없었기 때문에 어린아이들은 코끼리가 어떻게 생겼는지도 잘 몰랐습니다.

　그런 때 게이코보다 나이가 많은 초등학교 고학년 아이들이 중심이 되어, 일본 수도에 코끼리를 사 달라는 편지를 보냈습니다. 하지만 코끼리는 그렇게 쉽게 구할 수 있는 게 아니었어요.
　그런데 이 사실을 안 인도의 무역상이 인도의 네루 수상에게 일본의 아이들이 코끼리를 보고 싶어 한다는 사실을 전해 주었습니다.
　그 덕분에 게이코를 포함한 아이들이 쓴 약 1500통의 편지가 네루 수상에게 전해졌습니다.

## 코끼리 인디라가 일본에 왔다!

편지를 한 통 한 통 읽은 네루 수상은 말했습니다.

"코끼리는 영리하고 인내심이 강하여 모두에게 사랑받는 동물이에요. 일본과 인도를 비롯해 아시아 전역의 평화를 기원하며, 일본에 코끼리를 보내야겠어요."

이런 사연으로 15세의 암컷 아시아코끼리가 배를 타고 일본에 왔습니다. 이름은 '인디라'였는데, 네루 수상의 딸과 같은 이름이었습니다.

2학년이던 게이코는 다른 학생들과 함께 코끼리를 보러 갔어요. 인디라는 조련사를 등에 태우고 우에노 동물원에 걸어왔습니다. 게이코가 상상했던 것보다 훨씬 몸집이 크고, 코가 길었습니다.

 **아이들에게 기운을 북돋아 준 인디라**

그 후에도 게이코는 자주 인디라를 만나러 갔습니다. 먼 인도에서 온 코끼리의 외로운 마음을 달래기 위해 현미 과자와 고구마 과자를 주기로 했지요. 게이코의 식사는 비록 호박과 고구마였지만 말이에요.

인디라는 화물 열차를 타고 일본 곳곳의 아이들을 만났습니다. 인디라는 아이들에게 기운을 북돋아 주었습니다.

게이코는 성장하면서 평화의 고마움을 절실히 느꼈어요. 고등학생이 되어 역사를 배우면서 네루 수상이 인디라를 보내 줄 무렵 인도 역시 영국에서 막 독립하여 몹시 힘든 시기였음을 알게 되었어요. 그럼에도 코

코끼리가 왔다!

끼리를 보내 준 네루 수상에게 더욱 감사하게 되었지요.

 **고마워, 인디라**

  1966년, 게이코가 25세 때 인도에 심한 흉년과 기근이 들었습니다.
'우리가 할 수 있는 일이 없을까?'
  인디라를 보내 준 인도에 보답할 기회라고 생각한 게이코는 초등학교 동창들과 모금을 하여 인도에 보냈습니다.
  인디라는 1983년까지 살았습니다. 당시 42세가 된 게이코는 우에노 동물원에 작별 인사를 하러 갔습니다.
  "고마워. 인디라."
  게이코 마음속에는 지금도 인디라가 살고 있습니다. 인디라를 떠올릴 때마다 세계 평화의 소중함을 새삼 깨닫는다고 합니다.

## 41 멸종 직전의 따오기를 구하라! 붙잡힌 따오기

◆ 주인공 : 도키코(따오기)
◆ 언제 : 1960년대
◆ 어디서 : 일본 니가타 현

 **멸종 직전의 따오기와 우지의 만남**

일찍이 일본 니가타 현 사도 섬에는 따오기라는 아름다운 새가 많이 살고 있었습니다. 그러나 오랫동안 과도한 사냥으로 그 수가 크게 줄어 멸종 위기에 처하고 말았습니다. 1967년에는 따오기 보호 센터를 설립하여 인공 사육을 시작했지만, 따오기의 자세한 생태를 알 수 없어 손을 놓고 있을 수밖에 없었지요.

이 이야기는 그때로 거슬러 올라갑니다.

야생 따오기 무리가 하나 남았을 때였어요. 그 무리에서 어린 따오기 1마리가 마노라는 지역에 길을 잃고 들어왔습니다. 매우 소중한 따오기였지요. 일본 야생조류회 회원인 우지 긴타로가 그 어린 새를 돌보는 일을 맡았습니다.

따오기는 겁이 많은 새로 평소에는 모습을 잘 드러내지 않습니다. 그런 특성을 아는 탓에 우지는 매일 아침 같은 옷을 입었어요. 그리고 먹이인 미꾸라지를 가지고 마노까지 몇 킬로미터나 되는 길을 걸어갔습니다.

"이리 와, 어서 이리 와."

이렇게 부르면서 어린 따오기와의 거리를 조금씩 좁혀 갔습니다. 이윽고 어린 따오기는 우지의 목소리를 들으면 날아오게 되었습니다. 그리고 우지의 손에서만은 안심하고 먹이를 받아먹었습니다.

우지는 그 따오기를 '도키코'라고 이름 붙이고 자식처럼 귀여워했어요.

##  도키코의 행복은 무엇인가? 우지의 갈등

그해 겨울 환경성(우리나라의 환경부에 해당하는 일본 기관)에서 포획반이 와서 이렇게 말했습니다.
"이대로 가다가는 따오기는 멸종해요. 이 야생 따오기를 잡아서 인공적으로 번식시켜야 해요."
하지만 포획반이 다가가면 도키코는 경계하며 달아났습니다. 결국 우지에게 포획을 맡기고, 포획반은 철수할 수밖에 없었습니다.
'이렇게 해도 따오기의 수가 늘지 않을 건 분명해. 좁은 방에 가두고 인공 번식을 시키면 도키코가 행복할까?'

이리 와,
어서 이리 와.

그해 우지는 깊이 고민했습니다. 그런 우지의 기분을 아는지 모르는지, 도키코는 한동안 모습을 드러내지 않았습니다.

 **도키코에게 떨어진 우지의 눈물**

우지는 도키코를 찾았습니다. 봄이 되면 천적인 매나 까마귀의 활동이 활발해집니다. 농사가 시작되면 농약이 뿌려져, 도키코는 안전한 먹이를 먹을 수 없을지도 몰랐지요.
"이리 와. 어서 이리 와."
이 소리에 마침내 도키코가 모습을 드러냈습니다. 도키코는 역시 우지를 신뢰하고 있었어요. 우지는 마음을 정했습니다. 우지는 안심하고 자신에게 다가온 도키코를 살짝 안아서 붙잡았습니다.
"속여서 미안해……."
우지의 눈물이 도키코에게 떨어졌습니다.

 **따오기 보호 센터에서 살게 된 긴**

도키코는 우지 긴타로의 이름을 따서 '긴'이라는 이름이 지어졌습니다. 긴은 따오기 보호센터의 인공 사육실에 보내졌습니다. 하지만 인공 번식은 좀처럼 잘 되지 않았지요. 그러던 중 늘 긴을 염려하던 우지는 3년 후에 세상을 떠나고 말았습니다.
하지만 긴은 걱정과 달리 긴 세월을 살았습니다. 그 덕분에 사람들은 따오기의 생태나 사육법에 대해 자세히 알게 되었어요. 그로부터 얼마

 지나지 않아 중국에서 따오기 한 쌍을 보내왔습니다. 그리고 그 따오기가 낳은 알을 인공적으로 부화시키는 데, 마침내 성공했습니다.
 그 후 조금씩 늘어난 따오기를 보고 안심한 듯, 긴은 2003년 그 생애를 마쳤습니다. 그때 긴의 추정 연령은 36세였어요. 대단히 오래 살았다고 할 수 있지요.
 지금 따오기는 사도 섬의 자연 속에서 번식하며 인간과 공존하고 있습니다. 긴의 이야기는 우리들에게 소중한 메시지를 전해 줍니다.

## 42 떠나는 날, 뒤따라온 것은……
## 꼬마와의 이별

◆ 주인공 : 꼬마(개)
◆ 언제 : 1940년대
◆ 어디서 : 중국 북경

 **중국 북경으로 이주한 일가**

80년 전, 중국 북경에서 있었던 일입니다. 당시는 제2차 세계 대전이 한창일 때였습니다. 일본은 북경을 비롯한 중국의 주요 도시를 점령하고 있었지요.

전기 회사에서 일하던 오카다 아키라(가명)는 북경 지점의 지점장을 맡아 아내와 아들, 딸을 데리고 북경으로 이주했습니다.

오카다 가족을 위해 준비된 사택은 호화 저택이었습니다. 고용된 사람도 3명이나 있었어요. 일본인과 중국인 입주 도우미와 인력거꾼이었지요. 인력거꾼은 근처에 살며 아키라의 출퇴근을 도왔습니다.

 **집에 온 강아지, 꼬마**

북경에는 일 때문에 북경에 사는 일본인이 많았습니다. 그중 아키라의 지인도 있었지요. 그 지인의 부탁을 받고 아키라는 지인네 개가 낳은 5마리 새끼 중 하나를 분양받았습니다.

검은 눈과 코가 귀여운 옅은 갈색의 강아지는 포동포동 살이 올라 있었습니다. 몹시 작았기 때문에 아키라의 부인은 '꼬마'라고 불렀어요.

집은 높은 담과 문으로 에워싸여 있어, 꼬마가 혹시라도 밖으로 나갈 걱정은 없었습니다.

그래서 목줄 없이 자유롭게 키웠지요. 꼬마는 쑥쑥 자라, 몸길이가 70cm나 될 정도로 잘 자랐어요.

꼬마는 붙임성이 좋고 누구나 잘 따랐기 때문에 모두에게 인기가 있었습니다.

꼬마에게 아이들과 인력거꾼은 좋은 놀이 상대였어요. 부인과 도우미들은 밥을 주기 때문에 매우 좋아했지요.

그렇지만 이 집의 주인을 알아보는지 꼬마는 아키라를 특히 존경하는 것 같았습니다.

아키라가 외출할 때는 짧은 꼬리를 힘껏 흔들어 배웅을 했어요. 귀가했을 때도 어김없이 반갑게 맞이했지요.

일이 바쁜 아키라는 한밤중에 귀가할 때가 있었습니다. 그럴 때에도 꼬마는 변함없이 묵묵히 아키라를 기다리고 있었어요.
어느 날, 아키라가 아내에게 물었습니다.
"꼬마는 늘 깨어서 기다리고 있는 거요?"
그러자 아내는 킥 웃으며 대답했습니다.
"아니요. 당신의 인력거 소리가 나면 달려 나와요. 그때까지는 자고 있답니다."
바쁘지만 아키라 가족의 생활은 평화로웠습니다. 하지만 그것도 오래가지 않았어요.

##  전쟁에 져서 바뀐 생활

1945년 8월, 일본은 전쟁에서 패했습니다. 북경에 살던 일본인들은 수용 시설로 보내진 뒤 순차적으로 일본에 보내졌지요.
아키라의 가족도 수용 시설로 보내졌지만, 아키라는 가족과 떨어져 원래 살던 집에 머물게 되었습니다. 아키라는 전기 기술과 지식을 중국에 전해 달라고 부탁받았기 때문이에요.
그래서 아키라는 집과 일터 그리고 가족이 있는 수용 시설을 인력거로 오가는 나날을 보냈어요.
꼬마도 아키라와 함께 집에 머무르면서 처음으로 목줄을 맸습니다. 새로운 일 때문에 드나드는 사람들의 방해가 되지 않기 위해 아키라가 묶어 둔 것이지요.
하지만 꼬마는 여전히 꼬리를 흔들며 아키라를 배웅하고 마중했습니다.
아키라는 언젠가 일본에 돌아가야만 하는 처지였어요. 하지만 꼬마를 일본으로 데리고 갈 생각은 도저히 할 수 없었습니다.
 가지고 갈 수 있는 것은 옷과 음식 등으로 엄격하게 제한되어 있었거든요.
 그리고 반년 후, 마침내 아키라의 일이 끝났습니다. 드디어 일본으로 돌아가게 된 것이지요.
 그날, 아키라는 여느 때처럼 인력거꾼의 인력거에 타고, 가족이 기다리는 수용 시설로 향했습니다.
 꼬마는 여느 때처럼 아키라를 배웅했습니다.
 그런데…….

다녀왔어.

##  필사적으로 따라오는 꼬마와의 슬픈 이별

"멍! 멍!"
뒤에서 개 짖는 소리가 들렸습니다.
아키라가 뒤돌아보자 꼬마가 인력거를 따라오고 있는 거였어요.
연결해 둔 줄은 끊어져 있었습니다. 한 번도 이런 일은 없었는데 말이에요.
"이봐! 꼬마! 돌아가!"
인력거를 멈추고 아키라가 돌아가라고 손짓했어요. 그러자 꼬마는 휙 돌아서서 풀이 죽어 되돌아갔습니다. 하지만 인력거가 움직이기 시작하자, 또 따라왔어요.
"꼬마, 너를 데려갈 수는 없어."
꼬마는 몇 번을 쫓아도 따라왔습니다. 아키라는 눈물을 참을 수 없었어요.
"이제 인력거를 세우지 말고 달려가 주게나. 그나저나 꼬마 녀석, 어떻게 오늘이 마지막 날인 줄 안 걸까……."
마침내 수용 시설에 도착한 아키라가 뒤를 돌아보았을 때 꼬마는 없었습니다. 긴 거리였기 때문에 도중에 포기한 것이겠지요.
아키라로부터 꼬마의 이야기를 들은 아내와 아이들은 눈물을 뚝뚝 흘렸습니다.
"그럼 이제 꼬마는 어떻게 되는 거야?"
그러자 인력거꾼이 아키라 가족에게 말했습니다.
"저렇게 주인을 생각하는 귀여운 개는 본 적이 없어요. 부디 제가 키우게 해 주세요."

꼬마와의 이별 42

실은 인력거꾼도 오는 도중부터 울면서 인력거를 끌고 있었던 것입니다. 결국 인력거꾼이 아키라의 집으로 돌아가 꼬마를 데리고 갔습니다. 새로운 가족을 만난 꼬마는 다시 행복한 마중과 배웅을 하게 되었답니다.

## 거짓말 같은?!
# 눈물 나는 동물 NEWS ❷

전 세계에서 일어난 조금 슬픈 동물 이야기를 소개합니다.

### 악어 때문에 비행기가 패닉

2010년 8월 25일, 콩고민주공화국에서 비행기가 추락했습니다. 밀수용 악어가 가방에서 달아나 승객과 조종사가 패닉에 빠졌기 때문이라고 합니다.

### 세계에서 가장 고독한 물오리

'트레버'라는 이름의 물오리가 바람에 날려와 니우에 섬에 정착하게 됩니다. 하나뿐인 물오리로 관광객에게 많은 사랑을 받지요. 그러나 2019년 1월 29일, 안타깝게도 개에게 물려 죽고 말았습니다.

### 동물원의 풍선 펭귄

중국 구이산 동물원이 가짜 전시로 비난을 받았습니다. 풍선으로 만든 펭귄을 전시했기 때문인데요, 방문객은 화를 냈고, 책임자는 달아났다고 합니다.

긴급 소식

3
# 멸종 위기 동물

멸종 위기에 놓인 동물들의 현재 상황을 소개합니다.

# 멸종 위기 동물이란 무슨 뜻인가요?

어떤 생물종이 모두 사라지는 것을 '멸종'이라고 합니다. 전 세계 멸종 위기에 처한 생물이 얼마나 될까요?

국제자연보전연맹(IUCN)은 전 세계 생물을 조사하여 2~5년마다 멸종 위기에 처한 동식물을 기록한 '적색 목록'을 발표합니다.

적색 목록은 멸종 위험도가 높은 것부터 절멸(EX), 야생절멸(EW), 위급(CR), 위기(EN), 취약(VU) 등으로 구분합니다. 그리고 그중 위급, 위기, 취약을 통틀어 '멸종 위기' 단계로 봅니다.

적색 목록에 따르면 조사한 생물 중 27% 이상이 멸종 위기종이라고 합니다.

예를 들면 사자와 코끼리, 고릴라 등 포유류 26%가, 개구리나 도롱뇽 등 연못이나 강이 없으면 살 수 없는 양서류는 41%가 멸종 위기종이라고 해요.

한국은 국립생태원에서 멸종 위기종을 조사하고 복원하기 위해 노력하고 있어요. 현재 늑대, 수달, 두루미, 매를 비롯한 267종이 멸종 위기에 놓여 있습니다.

## 멸종 위기 동물

### 파일 01 대왕판다

 중국 오지에서 사는 의문의 동물

자이언트 판다로도 불리는 대왕판다는 그 사랑스러운 모습 덕에 전 세계 사람들에게 인기가 매우 많습니다.

대왕판다는 원래 중국 오지에 살고 있었어요. 그래서 그 지역 주민이 아니면 대왕판다에 대해 잘 몰랐다고 해요.

1869년의 일입니다. 프랑스 선교사 다비드 신부는 동식물에 대한 조예가 깊었어요.

그는 중국의 어떤 마을에 있는 산에 "흰색과 검은색 얼룩 곰이 산다"는 이야기를 들었습니다.

처음에는 숲속의 빛과 그늘 때문에 그렇게 보이는 것이라고 여겨 별로 대수롭지 않게 생각했지요.

그런데 쓰촨성 대지주의 집을 방문했을 때 얼룩 곰의 털가죽이 있는 거예요. 놀란 신부는 그 지역의 사냥꾼에게 부탁해 얼룩 곰의 사체를 손에 넣었습니다. 그리고 털가죽과 뼈를 파리의 박물관으로 보냈습니다.

이것을 받은 박물관 측에서는 커다란 소동이 일어났습니다.

"북극곰이나 흑곰을 물감으로 칠한 거 아니야?"

이렇게 말하는 사람도 있었다고 해요.

우여곡절 끝에 얼룩 곰은 1870년에 신종 '대왕판다'로 등록되었습니다.

대왕판다

시들었어……

##  몇 십 년마다 먹이가 사라진다?

   야생 대왕판다는 심각한 문제를 안고 있습니다. 대왕판다는 대나무가 주식인데요. 대나무는 몇 십 년에 한 번씩 일제히 시들어 버립니다.
   대나무는 쌀과 마찬가지로 볏과 식물입니다. 대나무는 꽃이 피면 시들어 죽는데, 대나무는 번식 특성상 한 뿌리로 연결되어 있는 경우가 많아요. 그래서 꽃이 피면서 대나무가 시들면 대나무숲 일대가 모두 시들어 버리는 거지요.
   대왕판다 입장에서는 갑자기 먹이가 사라질 수 있는 거예요.

# 해달

## 낚싯줄에 휘감겨 약해진 해달

해달은 독특한 식사 방법으로 유명합니다. 신기하게도 도구를 사용하거든요.

해달은 배에 조개 같은 먹이를 올려놓고 돌로 깨서 먹습니다.

주로 바다에서 살기 때문에 바다표범 종류라고 생각하기 쉬운데요, 실은 족제빗과입니다. 현재 해달은 멸종 위기에 처해 있습니다.

2016년, 미국 캘리포니아에서의 일입니다. 낚싯줄에 휘감겨 상처를 입은 해달이 발견되었습니다.

낚싯줄은 누에고치에서 뽑은, 눈에 잘 보이지 않는 줄이에요. 그래서 물고기뿐 아니라 새나 동물도 종종 휘감기는 피해를 봅니다.

이번에도 역시 미처 끊어진 낚싯줄을 보지 못한 해달이 휘감긴 거지요.

다행히 그 해달은 바로 수족관으로 옮겨져 치료받을 수 있었습니다. 4개월 뒤 건강을 되찾아 바다로 돌려보내졌지요.

해달은 일생을 바다에서 삽니다. 새끼 키우는 것도 자는 것도 모두 바다 위에서 합니다.

그래서 해달에게 바다 오염은 심각한 문제예요.

실제로 1989년, 알래스카 주에서 유조선 사고로 다량의 원유가 흘러나왔습니다. 그로 인해 수천 마리의 해달이 죽었다는 보고가 있습니다.

과거 해달의 개체 수가 감소한 주된 이유는 털가죽을 얻기 위한 인간들의 무분별한 사냥 때문이었습니다. 하지만 멸종 우려가 있는 야생 동식물의 거래를 제한하는 워싱턴 협약으로 해달 사냥 역시 점점 사라졌지요.

그럼에도 해달이 여전히 위기종(EN)인 이유는 무엇일까요?

첫 번째 이유는 보호 운동으로 그 수가 늘어난 범고래와 상어에게 많이 잡아먹혀서입니다.

그러나 무엇보다 가장 큰 이유는 원유 유출과 플라스틱 쓰레기, 그대로 버려진 낚싯줄 등으로 바다가 더러워진 탓이지요.

## 멸종 위기 동물

파일 03 **코끼리**

 **아시아코끼리가 철도 사고로 멸종?**

야생 아시아코끼리는 인도나 동남아시아 등의 삼림에서 지냅니다. 그런데 삼림이 개발되어 철도가 생기면서 각지에서 코끼리와 충돌 사고가 일어났습니다.

2013년 11월, 해가 질 무렵이었어요. 열차 한 대가 인도 동부 지역의 차프라마리 숲을 시속 80km로 달리고 있었습니다.

그때였습니다. 기관사는 앞쪽 선로 위에 덩어리 같은 게 있는 걸 발견했습니다. 선로 옆에서 풀을 먹고 있는 코끼리 무리였어요. 이를 깨닫자마자 황급히 브레이크를 걸었지만 이미 늦었지요.

열차는 코끼리 무리를 향해 돌진했습니다. 미처 멈추지 못한 열차는 코끼리 여러 마리를 튕겨 날려 보내듯 강하게 부딪힌 후에야 겨우 멈췄습니다. 이 사고로 어른 코끼리 5마리와 새끼 코끼리 2마리가 죽고, 10마리의 코끼리가 다쳤습니다.

인도에서 코끼리 열차 사고는 그다지 드문 일이 아니에요. 야생 동물 보호 단체의 조사에 따르면 1987년부터 지금까지 300여 마리가 철도 사고로 사망했다고 합니다. 인간이 코끼리의 터전까지 침범했기 때문이에요.

아시아코끼리는 아프리카코끼리와 달리, 상아가 크지 않아요. 그 때문에 상아를 목적으로 한 밀렵 활동은 별로 없습니다. 하지만 철도 사고로 많은 코끼리가 목숨을 잃고 있어요. 또 논밭을 망치는 민폐 동물이라는

이유로 총에 맞아 죽고 있습니다.

  아시아코끼리는 원래 개체 수가 적기까지 해 멸종 위험이 더욱 높다고 합니다. 앞으로 삼림이 계속 농지나 택지로 개발되어 사람과 코끼리의 거리가 가까워지면, 더 많은 아시아코끼리가 사라질지도 모릅니다.

##  상아 때문에 죽어 가는 아프리카코끼리

　아프리카코끼리는 아프리카 사바나를 중심으로 사는 지상에서 가장 큰 동물입니다.
　2018년의 가을, 아프리카의 보츠와나의 야생 동물 보호 구역에서 87마리의 아프리카코끼리 시체가 발견되었습니다. 모두 하나같이 총에 맞아 죽어 있었습니다. 심지어 코끼리의 상아가 모두 뽑혀 있었어요. 상아를 노린 밀렵이 분명했습니다.

그만해…….

워싱턴 협약으로 아프리카코끼리는 연구 목적 외의 거래는 금지되었습니다.

그런데도 왜 밀렵이 멈추지 않는 것일까요?

1987년, 워싱턴 협약 회의에서 '상아 거래의 4분의 3은 밀렵에 의한 것'이라는 보고서가 발표됐고, 밀렵을 막기 위해 상아 거래는 전면적으로 금지되었습니다.

하지만 시간이 지나자 문제가 일어났어요.

아프리카 남부의 보츠와나, 나미비아, 남아프리카공화국, 짐바브웨, 4개국에서 아프리카코끼리의 수가 늘어난 거예요. 그로 인해 농작물 등이 엉망이 되었습니다.

그래서 다시 규제가 느슨해지면서 그 국가들의 아프리카코끼리는 상아 거래를 할 수 있게 된 것이었습니다.

하지만 야생 아프리카코끼리를 지키기 위해 태국과 중국 등의 나라가 상아 거래를 금지했습니다. 지금까지 많은 상아를 거래하던 나라였지요. 다만 일본에서는 아직도 상아 수입이 계속되고 있어요.

2019년에 케냐는 '밀수를 없애기 위하여 각국의 상아 수요를 없애야만 한다'는 서류를 워싱턴 협약 사무국에 제출했습니다. 그 '수요를 없애야만 하는 나라' 중에 일본도 포함되어 있습니다.

## 파일 04 북극곰

 **여위어 홀쭉해진 지상 최대의 육식 동물**

북극곰은 북극해 연안에서 서식합니다. 북극곰의 털이 흰색으로 보이는 이유는 빨대처럼 털 속이 비어 있기 때문이에요. 빛을 반사하여 하얗게 보이는 거지요. 그래서 '백곰'이라고도 불려요.

몸이 크고 튼튼하여 세계 최대의 포식자이기도 합니다. 지상에서 북극곰을 이길 동물은 없습니다. 그런데 최근 10년간 북극곰의 평균 체중이 5kg이나 줄었다고 합니다.

2017년, 캐나다에서 촬영된 북극곰은 야위어 홀쭉했어요. 바짝 야윈 곰은 뒷다리를 끌면서 걸었는데요, 심지어 드럼통을 뒤지다가 힘이 빠져 땅바닥에 주저앉는 모습이 찍혀 있었습니다. 그 모습은 그대로 죽음을 기다리는 것처럼 보였어요. 강한 북극곰이 먹이를 구하지 못하고 굶주리다니, 도대체 무슨 일인 걸까요?

원인은 지구 온난화 때문이에요. 지구 온난화의 주범은 인간이 활동하면서 발생하는 이산화탄소입니다. 그 영향으로 북극권의 겨울 기온이 50년간 4°C나 올라갔다고 합니다.

기온 상승은 한반도의 5배나 되는 면적의 북극 얼음을 녹였습니다. 이대로 온난화가 계속되면 2030년대 후반에는 북극의 얼음이 모두 사라질지도 모른다고 해요.

북극곰의 주요 먹이는 바다표범입니다. 호흡을 하기 위해 얼음 구멍으

로 얼굴을 내미는 바다표범이나 얼음 위에서 쉬고 있는 바다표범을 기다렸다가 습격하여 잡아먹습니다.

　북극곰이 바닷속에서 바다표범을 잡는 것은 거의 불가능합니다. 바다표범의 헤엄 속도가 압도적으로 빠르기 때문이에요. 얼음이 있기에 바다표범을 잡을 수 있는 거에요. 하지만 이대로 얼음이 계속 사라지면 북극에서 북극곰이 살아갈 수 있을까요?

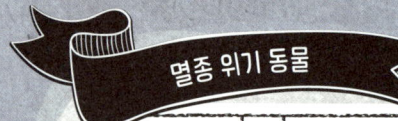

##  파일 05 코뿔소

###  멈추지 않는 코뿔소 밀렵

코뿔소는 아프리카와 동남아시아에 서식합니다. 지구상에 남아 있는 코뿔소종 대부분이 멸종 위기에 직면해 있습니다.

2017년 1년 동안 남아프리카공화국 내에서만 무려 1028마리의 코뿔소가 죽었다고 합니다. 밀렵으로 말이지요. 정작 남아프리카 내에서는 코뿔소에 대한 수요가 전혀 없어요. 그런데 왜 이다지도 많은 코뿔소가 죽어 가는 것일까요?

그것은 아시아, 특히 중국과 베트남에서 코뿔소의 뿔이 비싸게 팔리기 때문입니다.

과학적인 근거는 전혀 없지만 약으로 사용되고 있어요. 암에 효과가 있다는 소문이 난 후, 가격이 더 올랐지요.

코뿔소는 학문을 목적으로 하는 거래 외에는 엄격하게 규제되고 있어요. 다만 남아프리카에 사는 남부흰코뿔소는 그 수가 많다는 이유로 규제가 느슨합니다.

그러다 보니 코뿔소 밀렵은 계속 늘고 있습니다.

이와 함께 코뿔소를 보호하려는 노력도 계속되고 있습니다. 그러나 안타깝게도 북부흰코뿔소는 멸종이 거의 확실시되고 있어요.

북부흰코뿔소는 남부흰코뿔소보다 북쪽 아프리카 중앙부에 살고 있습니다.

원래도 그 수가 적었지만, 내전 등으로 인해 2008년경 야생종은 멸종해 버렸습니다.

그래서 체코의 동물원에서 기르고 있던 두 쌍의 북부흰코뿔소를 케냐의 자연보호 구역으로 옮겼습니다. 번식을 위해서였지요. 그렇지만 계획은 생각대로 되지 않았습니다.

2014년에 수컷 1마리가 죽고 말았거든요. 마지막 남은 '수단'이라는 이름의 수컷도 2018년 3월, 45세의 나이로 죽었습니다.

현재 지구상에 남은 북부흰코뿔소는 2마리의 암컷뿐입니다.

수컷이 전멸……

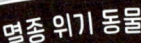 멸종 위기 동물

## 파일 06 양쯔강돌고래

 아직 살아 있어? 큰 강에 사는 돌고래

수족관에서 돌고래 쇼를 본 적이 있나요? 돌고래가 점프를 하고 고리를 통과하는 모습은 굉장히 멋져요. 이러한 쇼를 하는 돌고래는 대부분 큰돌고래예요. 큰돌고래는 해안 근처 바다에서 주로 작은 무리를 지어 살아갑니다.

하지만 바다가 아니라 강에 사는 돌고래도 있습니다. 인도의 갠지스강돌고래, 중국의 양쯔강돌고래, 브라질의 아마존강돌고래가 유명해요.

양쯔강돌고래는 이름 그대로 중국 양쯔 강에 사는 강돌고래입니다. 눈이 거의 보이지 않아 초음파를 사용하여 물고기 등을 잡아먹습니다.

양쯔강돌고래는 약 2000만 년 전부터 양쯔 강에 서식한 것으로 알려져 있어요.

하지만 애초부터 그 숫자가 매우 적어 이미 1950년대에 이르러 양쯔강돌고래의 개체 수가 약 6000마리 정도밖에 되지 않았다고 합니다.

그러던 것이 중국의 공업화로 강이 빠른 속도로 오염되기 시작하면서 양쯔강돌고래의 개체 수가 급격히 줄어들게 된 거예요.

1986년 조사에서는 300마리, 1990년 조사에서는 200마리로 줄더니, 1998년에는 불과 7마리밖에 확인되지 않았어요. 그리고 2006년, 유례없는 대규모 조사를 통해 양쯔강돌고래를 찾았지만 결국 단 1마리도 확인할 수 없었어요.

양쯔강돌고래 ❻

　양쯔강돌고래는 적색 목록에서는 아직 위급종(CR)이에요. 그러나 '거의 멸종'했을 거라고 보고 있습니다.
　2009년에 "100마리 이상의 무리가 발견됐다"는 보고가 있었는데요, 안타깝게도 양쯔강돌고래가 아니라 쇠돌고래였다고 합니다. 2016년에도 목격 제보가 있었지만, 확실한 것은 아닙니다.

## 파일 07 호랑이

### 사라지는 호랑이의 거처

호랑이는 고양잇과 최대의 동물입니다. 호랑이에도 여러 종류가 있는데요. 하나같이 먹이 사슬의 정점에 서 있습니다. 다른 동물에게 목숨을 잃는 경우가 거의 없지요.

그런 호랑이가 인간 때문에 멸종 직전까지 몰렸습니다.

그 원인 중 하나가 밀렵입니다. 호랑이는 워싱턴 협약으로 학술 목적 이외의 거래가 금지되었어요. 쉽게 손에 넣을 수 없기 때문일까요? 가격이 올라 돈을 노린 밀렵이 계속되고 있습니다.

또 다른 이유는 개발입니다. 논이나 밭, 혹은 공장이나 도로를 만들기 위해, 호랑이가 사는 숲이 점점 사라지고 있어요.

숲이 사라지면서 사슴이나 멧돼지 등, 숲에 사는 동물이 줄어들었습니다. 그 동물들을 잡아먹고 살던 호랑이는 먹이를 구할 수 없게 됐지요.

그로 인해 굶주린 호랑이가 마을의 가축을 습격하면서 사살되는 일이 많아졌습니다.

이런 이유들로 인해 카스피해 남안과 중국 서부에 살던 카스피호랑이는 1970년대에 멸종했습니다. 인도네시아 발리 섬에 서식하던 발리호랑이도 1940년대에 멸종했어요. 중국 야생 아모이호랑이 역시 멸종하고 말았습니다.

지금 이 순간에도 호랑이가 살 수 있는 장소가 점점 좁아지고 있습니다.

호랑이에게 미래는 있을까요?

 타이거 템플이라고 불리는 절

태국 중부에 '타이거 템플(호랑이 절)'이라고 불리는 빠루엉따부워 사원이 있습니다.

이곳은 호랑이와 접하거나 같이 사진을 찍을 수 있는 사원으로 유명해요. 텔레비전이나 여행 잡지 등에도 여러 차례 소개되었습니다.

2016년, 그 사원은 야생 동물 보호국으로부터 현장 검사를 받았는데요. 전년 이 절에서 금지된 곰이나 코뿔소 등을 무단 사육하고 있다는 사실이 알려졌기 때문이에요.

이미 허가를 받은 뒤였기 때문에 그 사원에서 호랑이를 기르는 일은 불법이 아니었어요.

다만 대가를 받지 않고 관람객을 받았어야 할 사원에서 돈을 받고 있는 것이 밝혀져 문제가 되었습니다.

호랑이에게 줄 먹이 값이나 기념 촬영 등의 명목으로 이득을 취한 거예요.

여러 차례 경고를 받았음에도 불구하고, 해당 사원의 승려들은 이를 무시한 채 계속해서 사업을 이어 나갔어요.
　결국 야생 동물 보호국과 경찰이 현장 검사를 하며 대대적으로 관리에 나서게 되었습니다.

 **137마리의 호랑이와 털가죽 산**

　수백 명의 야생 동물 보호국 직원이 사원에 들어가 기르고 있는 호랑이를 마취했어요. 그리고 차례차례 실어 냈습니다.
　호랑이를 기를 경우 반드시 마릿수를 관청에 신고해야만 합니다. 하지만 이 사원에서는 신고한 수보다 훨씬 많은 137마리의 호랑이를 기르고 있었습니다.
　게다가 절에서 호랑이 털가죽과 새끼 호랑이의 시체 등이 잇달아 발견되었어요. 태국 조사관은 사원에서 호랑이의 털가죽과 고기, 뼈 등을 판 것으로 추정했습니다.
　살아 있는 호랑이는 물론 호랑이의 박제와 털가죽, 뼈와 고기가 비싸게 팔리고 있습니다. 이러한 현상은 비단 이 사원 사건만이 아니라 밀렵, 밀수가 끊이지 않는 이유입니다.
　100년 전만 해도 호랑이는 10만 마리나 있었습니다. 그러나 지금은 불과 3000마리밖에 남아 있지 않다고 합니다.

##  파일 08 이리오모테살쾡이

###  이마이즈미 선생님 집에 온 이리오모테살쾡이

이리오모테살쾡이는 일본 오키나와 현 이리오모테 섬에만 서식하는 살쾡이입니다. 2007년 조사에 따르면 개체 수가 100마리 안팎으로, 멸종이 우려되는 생물이지요. 이런 희귀한 이리오모테살쾡이에 관한 일화가 있습니다.

1967년 3월, 이 책을 감수한 이마이즈미 다다아키 선생님이 아직 대학생 때의 일입니다.

집 앞에 대형 트럭 한 대가 멈췄습니다. 그 뒤 천을 덮은 두 개의 커다란 상자가 운반되었습니다.

'뭐지?'

궁금증에 천을 들춰 안을 들여다보려는 순간이었어요.

"캬악-!"

안에 있던 생물이 하악질을 했습니다. 알고 보니 그 생물은 이리오모테살쾡이 한 쌍이었어요.

이리오모테살쾡이는 알려진 당시 세기의 발견이라고도 불렸는데요.

"네가 그 고양이를 돌보지 않으련?"

동물학자인 아버지의 권유에 이마이즈미 선생님은 그 2마리를 돌보게 되었습니다.

##  이리오모테 섬에 사는 수수께끼의 동물

　이리오모테 섬은 오키나와 현 오키나와 본토 다음으로 가장 큰 섬이에요. 공항이 없기 때문에 개발이 진행되지 않아 아열대 자연림이 고스란히 보존되어 있어요.

　이리오모테 섬에서는 예로부터 산에 '산고양이'라고 불리는 수수께끼의 동물이 산다는 이야기가 있었습니다. 미국 식민지였던 오키나와가 일본에 반환되기 전 그 소문을 확인하기 위해 한 미국 대학이 조사에 나섰습니다. 그러나 아무것도 발견하지 못했어요.

    1965년, 동물학자 도카와 유키오도 이 소문을 들었지만, 처음에는 산고양이라고 생각하고 말았습니다.

"정말 미지의 동물일지도 몰라."

    그런데 류큐 대학에 다니던 지인의 말에 도카와는 이리오모테 섬에 조사하러 갔습니다.

    산고양이라고만 생각했던 수수께끼의 동물은 찾기 매우 힘들었습니다. 애초에 그 수가 매우 적은 것 같았어요. 간신히 수수께끼 동물의 털가죽과 뼈를 손에 넣을 수 있었습니다. 그러나 이것만으로는 신종 동물인지 확인할 수 없었습니다. 이후 본격적으로 산 채로 잡기 위한 작전이 시작되었습니다.

바로 현상금을 건 것인데요, 그 고양이를 발견하는 즉시 연락을 받기 위해서였어요. 살아 있는 고양이라면 100달러, 설령 사체일지라도 30달러라는 현상금을 걸었습니다.

그리고 1966년 말, 마침내 1마리의 수컷 고양이가 잡혔습니다. 그다음 해에는 암컷도 발견되었죠. 곧바로 2마리를 확보하여 몸 상태를 조사했습니다. 그 뒤 고양이들은 오키나와 공항에서 도쿄 하네다 공항으로 운반되어 이마이즈미 선생님의 자택에 도착한 것입니다.

이마이즈미 선생님은 시행착오를 겪으며 2마리를 돌보았어요. 그렇게 한 달 정도 지났을 무렵 국립과학박물관에 보호를 맡기게 됩니다. 그곳에서 수컷은 1973년, 암컷은 1975년까지 살았다고 해요.

## 교통사고로 멸종 위기에!

이리오모테살쾡이는 발견되었을 때부터 그 수가 매우 적은 듯했습니다. 게다가 개발로 인한 삼림 감소, 들개의 공격을 비롯해 멧돼지 등을 잡기 위해 놓은 덫에 걸려 죽는 일이 많았어요. 이로 인해 멸종이 우려되었는데요.

하지만 최근 크게 문제가 되고 있는 것은 교통사고예요. 1978~2018년, 81마리의 이리오모테살쾡이가 교통사고로 죽었습니다. 환경성은 비상사태를 선언했어요. 그리고 사고 위험 장소에 '이리오모테살쾡이 튀어나옴 주의'라는 간판을 세웠습니다.

현재 이리오모테살쾡이는 국제자연보전연맹의 적색 목록에서 위급종(CR)에 속합니다. 전 세계에서 일본 이리오모테 섬에만 살고 있는 귀중한 살쾡이를 지킬 수 있을까요?

파일 09 **유인원**

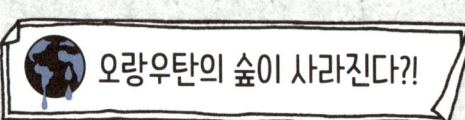

오랑우탄의 숲이 사라진다?!

원숭이와 같은 영장류는 몇 개의 그룹(과)으로 분류됩니다. 예를 들면 일본원숭이는 긴꼬리원숭이과로 분류됩니다.

그중 '사람과'도 있는데요, 이 과의 특징은 다른 원숭이보다도 몸이 크고, 지능이 높다는 거예요. 사람과에는 사람, 오랑우탄, 고릴라, 침팬지 등의 '유인원'이 포함됩니다.

오랑우탄은 말레이어로 '숲에 사는 사람'이라는 뜻입니다. 이름처럼 동남아시아의 숲에서 살지요. 하루의 대부분을 나무 위에서 보내며 나무 열매, 과일, 나뭇잎, 곤충 등을 먹습니다. 그런데 그 숲이 점점 사라지고 있습니다.

개발도 그 원인 중 하나지만, 바로 산불 때문이에요. 1997년, 인도네시아 산불로 서울의 3분의 1 정도 크기의 숲이 사라졌습니다. 숲이 사라지니 오랑우탄의 먹이도 사라졌지요.

어쩔 수 없이 먹이를 찾아 농지나 마을 근처까지 나오게 되었어요. 그러다 총이나 돌에 맞아 죽는 일이 많아졌습니다.

1996~2015년, 보르네오오랑우탄은 약 15만 마리나 줄었다고 합니다. 최근 수마트라 섬의 타파눌리오랑우탄도 이제 800마리밖에 남지 않았다고 해요.

숲을 잃은 오랑우탄은 멸종 위기에 처해 있습니다.

##  고릴라를 괴롭히는 삼림 감소와 밀렵

고릴라는 아프리카 숲에 살고 있습니다. 과일이나 나무 열매, 싹, 잎, 곤충 등을 먹어요. 또 성격이 온순해요.

고릴라는 국제자연보전연맹 적색 목록에서 위급종(CR) 단계에 속해 있습니다. 최근 20년 동안 80% 이상 감소했다고 해요.

개발에 의한 삼림 감소가 가장 큰 원인이지만, 밀렵 문제도 심각합니다. '부시 미트'는 사냥감을 사냥해 얻은 고기를 뜻하는데요, 부시 미트로

불탔어……

사냥 당해 고릴라의 개체 수가 줄어들고 있어요.

게다가 2000년 전후 에볼라바이러스로 수많은 고릴라가 죽었습니다. 현재 특히 서아프리카의 크로스강고릴라는 200~300마리밖에 없어 멸종이 우려되고 있습니다.

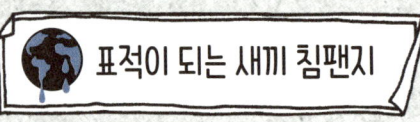
표적이 되는 새끼 침팬지

아프리카의 삼림에 사는 침팬지는 영장류 중에서 머리가 좋은 것으로

유명합니다. 이렇게나 영리한 침팬지조차 멸종 위기를 맞고 있습니다.

침팬지의 멸종 위기 원인은 고릴라와 거의 같습니다. 삼림 감소와 밀렵 때문이지요.

특히 새끼를 노린 밀렵이 많아 더욱 심각합니다.

최근 서아프리카의 경찰이 야생 동물을 몰래 거래하는 밀매 조직에 잠입했습니다. 그곳에서 경찰이 발견한 것은 몇 십 마리의 새끼 침팬지였어요. 새끼를 잡을 때 저항하며 방해가 되는 어른 침팬지는 그 자리에서 죽여 버리고, 새끼 침팬지만 가져온 것이지요.

새끼 침팬지는 부자들이 주로 '애완 동물'로 길러 인기가 많은 까닭입니다. 그래서 새끼 침팬지는 비싼 값에 거래되곤 합니다. 밀매 조직은 밀렵자에게 1마리당 40만 원 정도에 사서, 무려 1,500만 원에 판다고 하는데요, 이로 인해 최근 100년 동안 침팬지의 수가 10분의 1로 줄었다고 합니다.

오랑우탄, 고릴라, 침팬지 모두 보호 동물로 지정되어 있어요. 또 워싱턴 협약으로 거래가 금지되어 있습니다. 그럼에도 그 수가 계속 줄고 있습니다.

유인원은 이대로 멸종해 버리는 걸까요?

가까운 미래, 사람과 동물 중에서 인간만 남을지도 모릅니다.

# 생물의 멸종을 막기 위해 어떻게 하면 좋을까요?

만약 숲이나 초원이 사라져 버리면 어떻게 될까요? 식물을 먹고 살아가는 초식 동물이 사라질 거예요. 그러면 초식 동물을 잡아먹는 육식 동물도 살아갈 수 없게 되겠지요.

이처럼 생태계의 균형이 무너지면 멸종하는 생물이 등장하게 됩니다.

① 자연에 관심을 가지고 생물을 유심히 관찰한다.

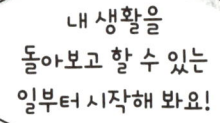

내 생활을 돌아보고 할 수 있는 일부터 시작해 봐요!

④ 멸종 우려가 있는 생물을 잡지 않는다.

키우기 귀찮아졌다고 반려동물을 버리면 어떻게 될까요? 반려동물이 야생화되면서 숫자가 늘겠지요. 대신에 그 동물의 먹잇감이 되는 생물의 수가 줄어들 거예요.

페트병을 바다에 버리면 어떻게 될까요? 그것을 고래와 같은 생물이 삼키겠지요. 배 속에 쓰레기가 가득 찬 생물은 결국 굶어 죽을 거예요.

생물은 모두 한정된 환경 속에서 서로 영향을 주고받으며 살아갑니다.

멸종을 막기 위해서 우리가 할 수 있는 일은 무엇일까요? 여러분도 생각해 보세요.

반려 동물이나 외래종을 유기하지 않는다.

야생 동물에게 먹이를 주지 않는다.

숲이나 강 등에 갔을 때 쓰레기는 전부 가지고 돌아온다.

금지된 동물로 만든 가공품은 사지 않는다.

# 색인

이 책에 소개된 동물의 이름입니다.
종류별로 나누어 가나다 순으로 정리했습니다.

## 포유류

개 ················ 10, 26, 40, 76, 84, 136
개코원숭이 ························· 16
고릴라 ······················ 108, 169
고양이 ····················· 46, 54, 92
기린 ······························ 116
당나귀 ···························· 100
대왕판다 ·························· 146
말 ································· 56
망토개코원숭이 ···················· 30
미국하늘다람쥐 ··················· 112
미니돼지 ·························· 48
바다사자 ························· 104
범고래 ···························· 96
북극곰 ··························· 154
비버 ····························· 88

사자 ······························ 68
아메리카붉은다람쥐 ··············· 22
아메리카흑곰 ····················· 18
아시아코끼리 ·········· 80, 128, 150
아프리카코끼리 ·················· 150
양 ································ 32
양쯔강돌고래 ····················· 158
염소 ····························· 100
오랑우탄 ····················· 84, 168
이리오모테살쾡이 ················ 164
침팬지 ··························· 170
캥거루 ···························· 14
코뿔소 ··························· 156
코알라 ···························· 72

174

큰돌고래 ························· 120
표범 ······························ 16
하마 ······························ 42
해달 ······························ 148
햄스터 ···························· 38
호랑이 ···························· 160

## 파충류, 양서류

갈라파고스코끼리거북 ········· 24
두꺼비 ·························· 46
보라색 비단뱀 28
악어 142

## 연체동물

문어 ····························· 52

## 조류

가넷 ······························ 20
까마귀 ···························· 64
닭 ·································· 36
따오기 ···························· 132
물오리 ···························· 142
부엉이 ···························· 124
잉꼬 ······························ 62
황새 ······························ 60
훔볼트펭귄 ······················ 12

## 환형동물

거머리 ···························· 46

**글 고자키 유**
어린이 교양서 전문 작가. 1960년 도쿄에서 태어났다. 괴수 영화를 즐겨 보며 미확인 생물을 좋아한다.
우리나라에서 출간된 주요 저서는 『난 억울해요!』, 『난 진짜예요!』, 『눈물이 찔끔 나는 생물 도감』 등이 있다.

**그림 와타나베 가즈코**
프리랜서 일러스트레이터. 일본에서 다양한 서적에 일러스트를 그려 왔다.
『눈물이 찔끔 나는 동물 이야기』가 우리나라에서 처음 소개되는 참여 작품이다.

**감수 이마이즈미 다다아키**
동물학자이자 문필가. 도쿄에서 태어나 도쿄해양대학을 졸업하고 일본 국립과학박물관에서
포유류 분류학과 생태학을 연구했다. 도쿄동물원협회 평의원, 일본 동물과학연구소 소장,
고양이 박물관 관장을 역임한 한편, 꾸준히 저술 활동을 펼치고 있다.
우리나라에서 출간된 주요 도서는 『이유가 있어서 멸종했습니다』(감수),
『어쩌다 보니 살아남았습니다』(집필), 『눈물이 찔끔 나는 생물 도감』(감수) 등이 있다.

**옮김 장현주**
전문 번역가. 인천대학교 일어일문학과를 졸업하고 일본 문학을 더 깊이 연구하고자 일본에 건너가
일본분쿄 대학과 대학원에서 공부한 뒤 석사 학위를 받았다. 옮긴 책으로는 『도련님』, 『엉덩이 날씨』,
『끙끙끙, 다른 그림 찾기』, 『눈물이 찔끔 나는 생물 도감』 등이 있다.

## 눈물이 찔끔 나는 동물 이야기

초판 1쇄 발행 2022년 3월 23일
초판 2쇄 발행 2022년 11월 11일

감수 이마이즈미 다다아키
글 고자키 유, 다구치 마사오, 우사와 도리, 이리사와 노부유키, 겐카와 다쿠지, 가이 노조미
그림 와타나베 가즈코, 호리에 아쓰시, 마쓰시마 히로시, 호리구치 준이치로, 이시카와 도모코
**옮긴이** 장현주 ◆ **펴낸곳** 보랏빛소 ◆ **펴낸이** 김철원 ◆ **책임편집** 김이슬 ◆ **디자인** 진선미 ◆ **마케팅·홍보** 이태훈

출판신고 2014년 11월 26일 제2015-000327호 ◆ 주소 서울시 마포구 포은로 81-1 에스빌딩 201호
대표전화·팩시밀리 070-8668-8802 (F)02-323-8803 ◆ 이메일 boracow8800@gmail.com

ISBN 979-11-90867-66-5 (74470)

Original Title 泣けるいきもの物語
Nakeru Ikimono Monogatari
© Gakken
First published in Japan 2019 by Gakken Plus Co., Ltd., Tokyo
Korean translation rights arranged with Gakken Plus Co., Ltd.
through BC Agency

• 이 책의 한국어판 저작권은 비씨에이전시(BC Agency)를 통한 저작권사와의 독점 계약으로 보랏빛소가 소유합니다.
• 신 저작권법에 의하여 한국 내에서 보호를 받는 저작물이므로 무단전재와 무단복제를 금합니다.